그림책으로 읽는
부모 마음 아이 마음

일러두기

- 외래어는 국립국어원의 외래어 표기법을 기본으로 삼되 그림책 작가 명 등은 해당 단행본 표기를 따랐다.
- 책 제목은 『 』, 전래동화는 「 」으로 표기했다.
- 본문에 언급된 책의 서지 정보는 202쪽에 적어 두었다. 책이 개정 발행된 경우, 현재 유통 중인 도서의 발행일을 표기했다.

에니어그램으로 살펴본 성격유형별 감정 수업

그림책으로 읽는
부모 마음
아이 마음

그림책심리성장연구소 지음

학교
도서관
저널

여는 글

부모 양육 유형에 따른 그림책 테라피

"무슨 일인데 이렇게 긴장했을까? 내게 이야기해 줄 수 있겠어?"

잔뜩 웅크려 있는 Y를 보는 내내 가슴이 아팠다. 캠퍼스에서 학생들과 함께하다 보면 유년시절의 상처를 해소하지 못하고 어른이 된 경우를 만나게 된다. Y는 굳이 이야기하자면 '보이지 않는 곳에서 일하는 사람'이었다. 앞에 나가서 발표하기보다 뒤에서 연구하고 자료를 만들어 주는 것으로 만족하는 성향이라 할 수 있다. 하지만 Y 어머니의 생각은 달랐다. "사람이 겁에 질리면 안 된다, 남 좋은 일만 시키는 거다."라며 Y를 강하게 몰아붙였던 것이다.

Y를 만나며 중요하게 생각했던 부분이 바로 Y 부모님의 상담이었다. 부모는 자녀가 행복하기를 바라는 마음에서 충고를 건네

고 아이를 이끌려고 하지만 아이에게는 그 환경이 갑갑하게 느껴질 수도 있다. 부모가 노심초사할수록 아이는 그 불안과 걱정을 고스란히 받아 내기도 한다. 아이가 성인이 되어도 부모는 양육자의 위치에서 여전히 아이에게 커다란 영향을 미치는 존재인 것이다.

상담 과정에서 중요하게 생각한 다른 한 가지는 바로 부모의 성격유형을 파악하는 일이었다. 사회는 앞에서 진두지휘하는 사람만 존재하는 곳이 아님을, 뒤에서 알게 모르게 힘쓰는 구성원들이 각자의 역할을 다해야 저마다의 강점이 유기적으로 연결될 수 있음을 Y의 부모님도 알고 있었을 것이다. 하지만 그것을 자기 삶에 적용하고 몸소 체화하는 건 개인의 성향에 달린 문제였다. Y의 부모님은 집단에서 리더십을 발휘하려는 욕망이 강한 성향이었으며 Y는 조용히 자신의 세계에서 즐기며 만들어 낸 결과물로 타인과 소통하고 그것이 인정받을 때 기쁨을 누리는 편이었다. 각자의 성향을 놓고 본다면 Y가 부모님 앞에서 무기력할 수밖에 없었던 것도 당연했다. 우리가 심리 상담을 할 때 개개인의 성격유형을 파악하는 일이 중요한 이유가 여기에 있다.

1년의 상담 시간을 거쳐 Y는 '그나마 숨을 쉴 수 있게 되었다'

는 이야기를 전해 왔다. 무엇보다 Y 부모님의 성향을 파악하고 그것이 Y에게 어떤 영향을 미칠지 분석한 결과라 할 수 있다.

■ **에니어그램과 그림책으로 내 마음 들여다보기**

당시 Y와 부모님의 성향을 파악했던 기준은 심리학 이론에 기반한 성격검사였다. 이 중에는 자신의 평소 행동, 말투, 문제 해결 방법 등을 인지하고 문항에 솔직하게 답하는 자기 보고식 조사표가 널리 쓰인다. 이 책에서 중요하게 언급되는 성격검사인 '에니어그램'*이 바로 여기에 속하는 도구이다. 에니어그램은 사람의 성격을 아홉 가지 유형으로 나누어 이야기하며, 각 성향의 장점과 단점까지 들여다볼 수 있어 내가 어떤 점에서 뛰어나고 어떤 점을 보완해야 하는지 알기에 용이하다.

뿐만 아니라 에니어그램 검사를 통해 본 성격유형에 관한 자

---

* 심리검사의 신뢰도를 나타내는 크론바흐-알파 신뢰성 지수를 기준으로 0.8 이상이면 신뢰도가 우수하다고 판단한다. 에니어그램의 신뢰성 지수는 0.83이다.

료를 양육 스타일과 연결 지어 활용할 수도 있다. 에니어그램은 해당 성격유형 소유자가 자신의 성향을 건강한 방식으로 표출할 때, 건강하지 못한 방식으로 표출할 때를 구분하기 때문에 양육자가 아이에게 어떤 영향을 미치는지 직관적으로 파악하기 좋은 도구이다. 아이와 가장 밀착되어 관계 맺는 양육자가 자기 방식의 장점을 극대화하고 단점을 줄일 수 있도록 적절한 지침이 되어 주는 것이다.

『그림책으로 읽는 부모 마음 아이 마음』은 이러한 경험들을 모은 책으로, 에니어그램을 활용해 분석한 부모의 성향이 양육 과정에서 아이에게 어떤 영향을 미치는지 보여 주며 건강한 육아의 방향성을 제시한다.

이 책에서 그림책은 유형별 양육방식을 드러내는 중요한 매개이기도 하다. 성격유형별 양육자가 어떤 등장인물과 닮아 있는지 보여 주고, 각 유형이 겪고 있던 마음의 갈등, 역동 들을 위로하며 자기 자신과 화해할 수 있도록 안내한다.

이를테면 지적인 영역을 채우는 데 몰두하는 유형을 위해서는 아이와 감성적인 대화를 어떻게 이끌어 나갈지 보여 주는 그림책을, 타인을 돕는 걸 기쁘게 생각하는 유형을 위해서는 지나친 보살핌이 때로는 건강하지 않을 수 있음을 이야기하는 그림책을 소개한다. 이외에도 원칙을 중요하게 생각하는 유형, 성취가 중심인 유형 등 다양한 성격의 부모들이 자기 양육방식을 돌아볼 수 있는 그림책 이야기가 담겨 있다.

이야기 사이에 배치된 자가 검사표는 우리가 어떤 유형에 가까운지 파악하도록 돕는다. 자신이 해당하는 유형, 흥미를 느끼는 유형 이야기만 선택해 읽어도 좋지만 모든 내용을 차근차근 살펴본다면 의미 있는 이야깃거리를 만날 수 있을 것이다.

그림책 이야기에 이어지는 '마음 : 온(溫 On) 질문으로 내 마음 반짝 켜기'와 '함께 읽으면 좋은 책' '에니어그램 깊이 알기'도 유용하게 볼 수 있는 파트다.

'마음 : 온(溫 On) 질문으로 내 마음 반짝 켜기'는 본문에서 다룬 사례 이외에, 해당 유형이 겪는 양육 갈등을 질문과 답변으로 구성한 부분이다. 생활 속에서 자기 마음을 돌아볼 수 있는 내용들도 함께 담았다. 차분한 상태에서 답변을 하나씩 정리해 보길 바란다.

'에니어그램 깊이 알기'는 에니어그램 유형별 성향을 다시 한

번 종합해 다룬 내용으로 이루어져 있다. 각 성향의 소유자들이 스스로에게 들려주면 도움이 되는 이야기도 실려 있다. 마음이 소란한 날, 내가 나에게 선물을 해주듯 짧은 말들로 마음을 다독여주면 좋을 것이다.

『그림책으로 읽는 부모 마음 아이 마음』에는 각 책임 연구원들이 현장에서 상담하고 관계했던 사례가 생생히 살아 있다. 뿐만 아니라 '나라면 어떠했을까?'라는 질문을 거친 자기적용을 통해 다양한 인식의 변화를 촉구할 수 있을 것이다. 양육의 길은 멀고도 험하지만 결코 두렵고 떨리기만 한 과정은 아니다. 한 발짝 내딛다 보면, 그리고 혼자가 아니라 함께 가는 길이라고 생각한다면 주저하고 망설였던 한 걸음을 떼는 게 좀 더 수월해질 것이다. 그 과정에 이 책이 의미 있는 지침이 되길 바라는 마음이다.

저마다의 특별함을 지닌
모든 부모와 아이를 응원하며
대표 저자 김영아

차례

여는 글 | **부모 양육 유형에 따른 그림책 테라피**   4

서문 | **성격의 특징과 에니어그램 살펴보기**   12

"강인한 아이로 키우고 싶어요"   22
매사에 주도적인 지도자형 부모

『종이 봉지 공주』, 『진정한 챔피언』

"갈등을 일으키고 싶지 않아요"   40
많은 사람과 잘 지내고 싶은 평화주의자형 부모

『곰씨의 의자』, 『우리 엄마는요』

"규칙은 꼭 지켜야 해요"   60
원칙을 고수하는 완벽주의자형 부모

『규칙이 있는 집』, 『아름다운 실수』

"내가 다 도와줄게"   78
배려가 넘치는 조력자형 부모

『요술 더듬이』, 『손님이 찾아왔어요』

"아이가 많은 것을 이뤘으면 좋겠어요"   *98*
목표를 향해 가는 성취자형 부모

『슈퍼 거북』, 『게으를 때 보이는 세상』

"우리 아이가 특별했으면 좋겠어요"   *114*
개성을 중시하는 예술가형 부모

『프레드릭』, 『나의 구석』

"육아서를 봐도 봐도 끝이 없어요"   *132*
배움을 좋아하는 탐구자형 부모

『도서관』, 『왜냐면…』

"아이에게서 눈을 떼기가 어려워요"   *152*
안전을 중요하게 여기는 파수꾼형 부모

『어떡하지?』, 『수영장에 간 아빠』

"내가 대책이 없는 걸까요?"   *170*
호기심 많은 낙천가형 부모

『뭐 어때!』, 『커다란 악어 알』

부록 | 내가 동화 속 주인공이라면?   *190*

찾아보기   *202*

서문

성격의 특징과
에니어그램 살펴보기

상담을 하면 가끔, 세상에서 가장 먼 거리는 '부모와 자녀의 심리, 정서적 거리'가 아닐까 하는 생각이 든다. 아이들이 어릴 적에는 부모가 자신의 가치와 신념을 품고 양육을 하다가 어느 시점이 되면 '내가 아는 자녀의 성격'과 '자녀의 실제 성격'에 차이가 나면서 감정적으로 갈등이 촉발되는 것이다.

성격은 무엇이며, 어떻게 표출되기에
우리를 남과 다른 사람으로 만드는 것일까?

첫째, 성격은 모두 다르며 인간의 사고, 감정, 행위를 통해 구분된다. 같은 상황에서 누구는 '분노'라는 감정을 느끼고 어떤 사람은 '기쁨'이라는 감정을 느낀다. 그 감정에 따라 사람들이 취하는 행동은 다르다. 누구는 갈등을 회피하기도 하고 누구는 갈등에 적극적으로 맞선다. 누구는 자연을 보고 감흥을 느끼지 못하지만 누구는 매일 아침 햇살의 아름다움을 만끽한다. 마찬가지로 비가 오는 것을 좋아하는 사람은 비가 내리면 우산을 쓰고 동네를 걷거나 드라이브를 하거나 때론 비 오는 날 유달리 끌리는 음식을 먹을 것이다. 그러나 비 오는 날을 싫어하거나 비에 얽힌 안 좋은 추억이 있는 경우 비가 내린다는 일기예보를 접하는 순간부터 감정이 긍정적이지 않은 형태로 흐르게 될 것이다.

둘째, 성격은 사람들이 자신이 처한 상황에서 생존하기 위해 만들어 온 적응 방식이라 할 수 있다. 마음껏 지지받을 수 있는 따뜻한 환경, 판단과 비난이 지나치게 오가는 환경이 있다고 해 보자. 이 상반된 조건에서는 문제를 바라보는 경향이 다른 방식으로 흘러가게 된다. 어떤 환경이 어떤 경향으로 이어질지는 쉽게 예상할 수 있을 것이다. 지지받는 환경에서는 자신의 욕구를 유연하게 표출할 수 있는 반면 늘 비난이 난무하고 무엇을 해도 좌절을 안겨 주는 환경에서는 해 보려는 힘조차 잃기 쉽다. 이러한 경우 반복되는 좌절과 실패로 우울한 성격을 가질 확률이 높다. 살면서 자신이 느낀 감정에 따라 문제를 바라보고 해석하며 해결해 오던 방식이 어느 정도 반복을 거듭하며 굳어져 버린 것이다.

마지막으로 성격은 개인 내부의 역동적이며 조직화된 특성을 반영한다. 내면의 다양한 정서들은 우리 삶 속에서 여러 갈등을 거쳐 발현되기도 하고, 억압되어 무의식으로 숨어 버리기도 하는데 그 모든 것들이 성격의 일부가 된다. 각자 내면에 녹아 있는 다양한 성향들이 타인과 맺는 관계에서 정형화된 방식으로 표출된다는 의미이다. 우리가 어떤 갈등 상황에 놓여 있다고 가정해 보자. 그 갈등 상황에서는 '방어기제'가 우리를 보호하려고 하는데, 방어기제는 무의식 차원에서 만들어지고 기능한다. 이때 '무의식'은 각자의 것으로, 저마다 다르기 때문에 방어의 방법이 달라진다. 지각을 한 똑같은 상황에서 어떤 사람은 '합리화'를 할 수 있고 어떤 사람은 특정 요인 때문에 그랬다고 '투사'를 할 수도 있고, 어떤 사람은 아예 그 상황에서 도망쳐 버리기도 하는 것이다.

성격을 규정 짓는 세 가지 요인에 기초해 보면 확실하게 성격은 고유한 각 개인의 특성이다. 똑같은 책을 읽어도 다른 해석이 가능하고 똑같은 영화를 보아도 가슴에 와닿은 지점이 다른 이유가 여기에 있다.

성격들은 유사한 것들끼리 묶여 '유형화'될 수 있는데, 이 책에서는 그 기준으로 '에니어그램'을 선택했다. 에니어그램은 지도자, 평화주의자, 완벽주의자, 조력자, 성취자, 예술가, 탐구자, 파수꾼, 낙천가, 아홉 가지 유형으로 인간의 성격을 분류하는 심리검사 도구이다.*

에니어그램의 세 갈래 방향

에니어그램 성격유형은 '우리 몸의 에너지가 어디를 중심으로 순환하는지'에 따라 크게 장(배) 중심, 가슴 중심, 머리 중심형으로 분류된다.

장 중심 유형의 특징

신체 관련	• 튼튼, 장이 발달. 건강함. 발달된 근육과 뼈를 지님 • 운동 능력이 좋고 신체 활동이 활발함 • 감각 기관 중 청각과 후각이 발달했음
성격 관련	• 용감하며 담력이 있어 강한 인상 • 객관적이며 규칙과 원칙이 분명 • 정해진 원칙에 따라 의사결정. 의무감이 발달

장 중심 유형은 본능과 습관을 중요시하며 중추, 식도에서 항문에 이르는 하복부와 소화계에 무게중심이 있다고 할 수 있다. 이들은 현재 중심적인 경우가 많으며

대개 체격이 건장하고 투쟁적, 도전적인 인상을 준다. 주 관심사는 환경에 관한 저항과 통제이며 그로 인해 독립성을 강하게 추구한다. 이들의 성향이 건강하지 못한 방향으로 표출될 때 주로 느끼는 감정은 분노이다.

가슴 중심 유형의 특징

신체 관련	• 부드럽고 전체적으로 둥그런 인상 • 웃음이 있고 편안한 얼굴
성격 관련	• 사람과 만나는 관계지향 • 우정, 대인 관계, 상대와 나 사이의 친밀함을 중요하게 여김 • 타인에게 관심받기를 좋아함 • 호불호가 강하나 표현하지 않음 • 애정 욕구, 인정 욕구가 강함 • 감각기관 중 촉각과 미각 발달

가슴 중심 유형은 감정과 정서를 중요시하며 중추, 심장을 비롯한 순환계에 무게 중심이 있다. 과거 중심적으로 생각할 때가 많으며 둥글둥글한 체격, 부드럽고 매력적인 미소를 가진 경우가 많다. 주 관심사는 자아 이미지와 인간관계로, 이들은 타인에게 인정과 사랑을 받길 원한다. 이들의 성향이 건강하지 못한 방향으로 표출될 때 주로 느끼는 감정은 수치심이다.

---

* 에니어그램에 따르면, 하나의 성격유형은 해당 특성에만 고착화되어 있지 않고 다른 유형의 성향을 부수적으로 포함하기도 한다. 이를 각 성향의 '날개'라고 하는데, 본 책에서는 날개에 관한 개념을 다루지 않았다. 날개는 상황에 따라서 선택하는 것이므로 유동적으로 봐야 한다는 이유에서임을 밝혀 둔다.

머리 중심 유형의 특징

신체 관련	• 근육이 빈약 • 활발한 활동보다 관람이나 평가를 즐김 • 가냘픈 신체선, 허약
성격 관련	• 긴장하고 내성적임 • 부끄럼을 타는 편이고 소심해서 행동 전에 생각이 많음 • 그럼에도 공동체나 단체 활동에 의지가 강함 • 논리적인 의사결정 • 타당성 탐지를 위한 관찰과 비교를 중요시함

머리 중심형은 사고와 논리를 바탕에 두는 유형이며 뇌와 신경계에 무게중심이 있고 미래 중심적이다. 보통 허약하고 빈약한 인상을 주는 체격이 많다. 주 관심사는 객관적 이치와 정보이며 안전을 추구한다. 이들의 성향이 건강하지 못한 방향으로 표출될 때 주로 느끼는 감정은 두려움이다.

에니어그램으로 본 아홉 가지 성격유형

장 중심(장형 또는 본능형), 가슴 중심(가슴형), 머리 중심(머리형 또는 사고형) 유형은 각각 세 갈래로 나뉜다. 장형은 8, 9, 1번 성향으로, 가슴형은 2, 3, 4번으로, 머리형은 5, 6, 7번으로 분류할 수 있다. 하위 유형을 합하면 총 아홉 가지가 되는데, 우리가 '에니어그램의 성격유형'이라고 하면 보통 이 아홉 유형을 일컫는다. 각 유형의 특징을 알기 쉽게 설명하기 위해 많은 학자들이 각기 다른 별칭을 붙이고 있으나 숫자로 부르는 것이 원칙이다. 각 숫자에 좋고 나쁜 가치가 부여되어 있지는 않다. 숫자가 크다고 좋거나, 작다고 나쁜 성격은 아니라는 뜻이다.

에니어그램 유형을 간략하게 소개하면 다음과 같다.

유형		간략 설명
장형	8	자기주장이 강한 리더십의 소유자
	9	관계에서 중재의 미덕을 발휘하고 평화를 갈구하는 유형
	1	원리 원칙에 충실한 완벽주의
가슴형	2	남을 도울 때 기쁨이 있음
	3	무언가 목표를 이루려 성취 본능을 끌어올림
	4	낭만적이고 예술적 성향이 강한 자기도취형
머리형	5	지적 탐구를 위해 관찰하고 탐색하는 성향
	6	안전을 중시하고 책임감이 강한 유형
	7	즐거운 것을 좋아하고 나아가 탐닉하는 활발한 유형

에니어그램 관련 자료 중에는 각 유형을 원으로 표현한 이미지도 찾아볼 수 있다. 어느 한 곳에 중심이 쏠리거나 힘이 집중되는 느낌 없이 서로 균등한 존재로서 의미와 가치를 순수하게 보여 준다는 의미이다. 우리가 성격검사를 하는 이유는 성장하고 발전하며 자신을 좀 더 명확하게 들여다보기 위함이다. 단점이나 부족한 부분에 지나치게 집중하는 것은 바람직하지 않다. 긍정심리학 창시자로 꼽히는 마틴 셀리그만은 『마틴 셀리그만의 긍정심리학』에서 "자신의 약점을 고치려고 시간과 노력을 투자하는 것보다 인생 최대의 성공과 만족을 얻기 위해 개인의 강

점을 연마하고 활용하는 것이 중요하다."라고 말한다. 약점을 고치는 과정에서 스스로에게 연민을 보내고 자책하며 시간을 낭비하기보다 오히려 내 강점을 살려 보다 주체적으로 살아갈 수 있음을 역설한 것이다.

에니어그램 순환 구조

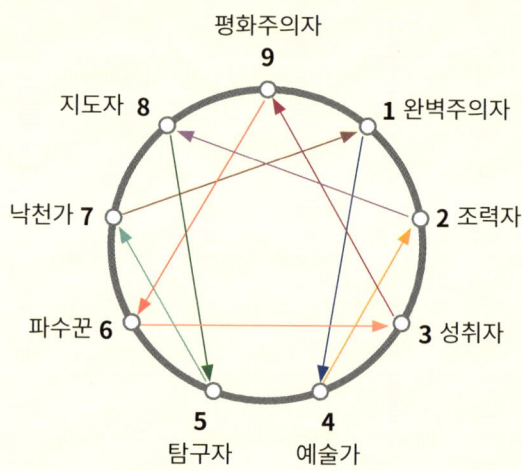

아이의 성격유형에 관하여

이 책에서는 에니어그램이라는 도구를 '어른'인 양육자에게만 적용했음을 밝혀 둔다. 물론, 에니어그램을 자녀 양육에 적용한다고 했을 때 아이들의 검사 결과도 어느 정도 유의미하게 볼 수 있다. 에니어그램을 통해 아이의 '기질'을 알 수 있기 때문이다. 아이들이 자라 오며 보여 준 신체적인 특질, 경향을 부모가 파악한 대로 검사지에 반영할 수 있는 것이다.

하지만 아이들은 무한대로 뻗어 나가는 과정 중에 있다. 어떠한 환경, 즉 어떤 만남과 자극으로 어떻게 변할지 아직은 예측하기 어렵다. 한창 성장 중인 시기라 에니어그램의 기준을 곧이곧대로 규격화할 수는 없다고 봐야 한다.

국제 에니어그램협회에서 활동하는 돈 리처드 리소와 러스 허드슨의 책 『에니어그램의 지혜』에는 "에니어그램이 제공해 줄 수 있는 가장 중요한 통찰은 우리가 우리의 성격은 아니라는 깨달음이다."라는 이야기가 있다. 아이들의 어떤 부분을 성격으로 규정 짓고 틀을 만들고 꼬리표를 붙이는 행위가 얼마나 위험한 일인지를 염려했던 두 저자의 마음처럼, 이 책은 부모가 아이들의 성격에 관심을 두고 함께 성장할 수 있도록 도움을 줄 것이다.

내가 자라 온 환경을 돌아보았을 때, 내 부모님도 당신의 성격유형을 알고 양육을 했다면 어땠을까 하는 생각이 든다. 학교에서 친구가 모르는 것을 가르쳐 주다가 집에 늦게 돌아온 날, 나를 호되게 꾸짖는 대신 '왜 아이의 행동에 그렇게 화가 났을까?' 생각해 볼 수 있었으리라. 그동안 학용품을 빌려 써야 했던 아이의 마음을 헤아렸다면 친구들에게 색종이를 나누어 준 내게 왜 이렇게 색종이를 금방 썼냐고 혼내지는 않았으리라. 자신의 성격유형을 이해하면 아이의 마음이 들여다보이기 시작할 것이다. 자기 성향의 장점을 십분 발휘하고 단점을 보완하기 위해 노력하며 그 과정을 주체적으로 끌고 가는 '나'가 얼마나 소중한지, 이 책을 통해 깨달을 수 있다면 좋겠다.

매사에 주도적인 지도자형 부모

"강인한 아이로 키우고 싶어요"

—

조중선

지도자형 성격유형 파악하기

■ "나만의 길을 갈 거야!"

초등학교 국어 교과서에 수록된 그림책 『종이 봉지 공주』는 우리가 흔히 봐 온 전래동화 속 '공주-왕자'의 관계를 시원하게 전복시키며 '나답게 산다는 것'이 무엇인지 생각하게 한다. 자신감이 넘치고 강인하며 도전적인 면모를 보이는 엘리자베스 공주. 어느 날 불을 뿜는 용이 나타나 공주의 옷을 몽땅 불사르고 성도 무너뜨리고 결혼을 약속한 왕자까지 잡아가 버린다. 지금까지 많은 전래동화와 이야기에는 주로 '백마 탄 왕자'가 등장했지만 이 그림책은 다르다. 엘리자베스 공주는 바닥에 떨어진 종이 봉지 하나를 주워 입고, 왕자를 구하기 위해 길을 나선다.

공주는 마침내 커다란 용이 있는 동굴을 발견하고는 한 치의 망설임도 없이 문을 쾅쾅 두드린다. 용은 공주를 돌려보내려 하지만 포기를 모르는 공주는 또다시 문을 쾅쾅 두드려 용을 불러낸다. 그러고는 여러 가지 기지를 발휘해 용을 나가떨어지게 만든다. 이야기는 여기서 그치지 않고 한 번 더 반전을 일으킨다. 왕자는 자신을 구해 준 공주에게 꼴이 엉망이라고, 여느 공주처럼 챙겨 입고 다시 오라며 큰소리를 친다. 엘리자베스는 자신도 그런 왕자는 필요없다며 뒤도 돌아보지 않고 새로운 세계를 향해 경쾌한 걸음을 옮긴다.

『종이 봉지 공주』처럼 자신감 넘치는 전사 이미지를 우리 주위에서 찾자면 M 이야기를 꺼내야 한다.

사회 초년생일 때 직장에서 만난 M은 첫인상부터 강렬한 선배였다. 언제나 의욕이 넘쳤고 자신감과 활기로 가득 차 있었다. 회의를 할 때는 그야말로 호랑이가 사냥감을 탐색하고 주시하는 눈빛을 띠었다. 조직에 새로운 방식을 도입할 때에도 팀원들은 자신 없어 했지만 M은 확신에 차 열정적으로 설득했다. M의 에너지는

『종이 봉지 공주』
로버트 문치 글, 마이클 마첸코 그림, 김태희 옮김,
비룡소, 1998

업무뿐 아니라 회사 생활 다방면으로도 영향을 미쳤다. 점심시간에 도시락을 먹을 때면 직접 요리를 해 주기도 했고 더운 여름날에는 심지어 육수까지 준비해 냉면을 만들어 주기도 했을 정도다.

M과 종이 봉지 공주 유형을 한마디로 표현하자면 '매사에 주도적인 지도자'이다. 본능대로 행동하는 장 중심 유형 중에서도 본능 몰입형으로, 자신감이 넘치고 결단력이 있으며 스스로 도전하기를 좋아한다. "해 보기나 해 봤어?" "일단 해 보자."라는 말을 자주 한다면 지도자 유형일 가능성이 크다. 놀라운 의지력으로 언제나 행동을 우선시하는 유형이다. 종이 봉지 공주가 모든 것이 불탄 상황에서도 절망하지 않고 지금 당장 무엇을 해야 할지 분명히 알고 곧바로 행동한 것처럼 말이다. 이들은 어떤 일을 실행할 때, 자신이 힘을 보유하고 있기를 바라며 가능한 한 오래 그 힘을 유지하고 싶어 하는 경향이 있다. 특히 이들에게는 '자신감'이 중요한 키워드다. 어떤 일을 뜻한 대로 이루어 낼 수 있다고 믿는 굳센 마음은 삶의 주도권을 확보하고 흔들리지 않는 강인함을 만들어 낸다. 이들은 모든 일이 자신의 통제 안에서 이루어지기를 바라고, 그만큼 영향력을 행사하려 하기도 한다. 다른 사람에게 의존하기보다 자신이 직접 나서서 이끄는 경우가 많다.

왕자의 형편없는 인성을 보고도 연연하지 않으며 오히려 새로운 삶의 길을 찾아가는 엘리자베스 공주는 자기 삶의 리더라고 할 수 있다. M 또한 조직의 크고 작은 일들 앞에서 리더십을 발휘하는 사람이다. 타인이나 외부 상황에 얽매이지 않고 자기 길을 스스로 만든다는 점에서, 이들에게 의존이라고는 눈곱만큼도 찾아볼 수 없다.

✔ 나는 지도자 유형일까?

1	리더십이 있고 실제로 조직에서 리더일 때가 많다.	☐
2	자신감이 있고 어떤 일이든 일단 생각대로 밀고 나가는 편이다.	☐
3	남에게 의존하기보다 남에게 영향력을 발휘하는 편이다.	☐
4	타인의 시선에 주눅 들지 않고 당당하게 행동한다.	☐
5	타인에게 다소 강압적이라는 평, 타인을 통제하려 한다는 평을 듣기도 한다.	☐
6	나를 따르는 이들을 보호하고 감싸 주려 한다.	☐
7	본능적으로 위기를 느끼고 위기를 극복하는 최선의 방법은 공격이라고 믿는다.	☐
8	지적을 받으면 나에게 문제가 있어도 고치기 싫다.	☐
9	다른 사람이 나를 조롱하고 비난하면 쉽게 흥분하고 그들을 가만두지 않겠다는 마음이 올라온다.	☐

그림책으로 살펴보는
나의 모습, 아이의 모습

■ **아이가 내 뜻대로 따라 주지 않는다고요?**

엘리자베스 공주와 M 같은 사람들이 부모가 되면 어떤 모습일까? 이들은 자녀에게 든든한 울타리와 버팀목이 되어 주고 무한한 자신감을 심어 준다는 큰 강점이 있다. 자신의 영향력을 건강하게 발휘한다면 부모에게 필요한, 솔직하고 정직한 태도를 보일 것이다. 자녀에게 관대하고 자녀의 부족한 면을 너그럽게 이해해 주기도 한다. 또 현실을 파악하는 능력이 뛰어나 결단력 있게 자녀를 이끌며 든든한 지원자이자 보호자가 된다.

    그러나 마음이 건강하지 않은 상태가 되면 자기주장을 강하게 내세우며 자녀를 지나치게 지배하려고 한다. 자녀가 사소한 반대 의견을 제시해도 자신이 거절당한다는 느낌을 받기 쉽다. 그 마음이 쌓이면 자녀에게 거칠고 무차별한, 공격적인 태도로 다가설 가능성이 크다. 자녀가 자신의 뜻에 맞지 않는 행동을 하거나 무언가 조금이라도 잘못했다고 생각되면 '안 돼.' '아니야.' '그만.' '조용히 해.' 등의 표현을 잘 쓰고 그 상황을 자기 뜻대로 이끌고 가기 위해 소리를 지르기도 한다.

지도자 유형이 위에서 언급한 스트레스 상황에 놓일 때는 마음을 차분하게 하는 단순한 일을 하면 좋다. 이 유형의 마음속에는 강해야만 살아남는다는 '내적 안내자'가 자리하고 있는데 격렬한 감정이 진정되면 그 안내자가 건강한 쪽으로 나아갈 수 있다. 내적 안내자가 지나치게 목소리를 내면 스트레스 상황이 시작되고, 아이들은 중압감에 시달리게 된다. 이러한 모습을 잘 보여 주는 그림책이 바로 『진정한 챔피언』이다.

■ 아이가 '챔피언'이 되길 원한다면

『진정한 챔피언』의 주인공 압틴은 가족 모두가 스포츠 챔피언인 몰레스키 집안에서 태어난 아이다. 식구들은 압틴이 자기들처럼 운동선수가 되길 원하지만 압틴은 운동을 잘하지도 못할뿐더러 챔피언이 되고 싶지도 않다. 그림 그리기를 좋아하는 압틴의 마음과 생각은 묻지도 않고 아버지는 말한다. 너는 가족 모두의 자부심이 되어야 한다고, 트로피와 금메달을 당연히 받아 오는 진정한 챔피언이 되어야 한다고.

  엄지손가락만큼 작게 그려진 압틴과 그의 50배는 훌쩍 넘을 것 같은 위압적인 아버지의 모습이 대립적 구도로 펼쳐지는 그림은 압틴의 중압감을 한눈에 보여 준다. 이 장면은 많은 독자에게 숨이 훅 멎는 듯한 느낌을 주는 그림으로 꼽힌다. 아버지의 위압적인 몸짓과 날카로운 손가락질을 앞에 두고 자신이 좋아하는 그림을 뒷짐으로 숨긴 모양새가 너무나 애처롭다. 압틴의 시선에서 아버지의 모습을 올려다본다면 과연 어떨까?

  아이 친구 T의 모습과 압틴의 표정이 오버랩되었다. T의 집에 방문했을 때의 일이다. T는 무슨 잘못을 했는지 엄마에게 야단을 듣고 있었다. 자초지종을 들어 보니 같은 수학 문제를 계속 틀렸다는 것이 이유였다. 처음부터 야단을 치려고 했던 건 아니었고, 완전히 풀이 죽은 아이의 모습에 더 화가 나게 된 것이라고 했다.

『진정한 챔피언』
파얌 에브라히미 글, 레자 달반드 그림, 이상희 옮김, 모래알, 2019

커다랗게 표현된 아버지 앞에서 작아진 압틴의 모습. 뒤에는 그림을 숨기고 있다.
© 『진정한 챔피언』, 파얌 에브라히미, 레자 달반드, 2019, 모래알

『진정한 챔피언』의 한 장면처럼 지도자 유형의 부모는 아이에게 아무렇지 않게 지시를 내리거나 화를 내기도 한다. 하지만 아이는 어른보다 체구가 작기 때문에 부모의 위압적인 말과 행동에 대단히 큰 상처를 입는다. 그 순간 아이가 보는 부모는 무서운 호랑이나, 더없이 끔찍한 괴물의 느낌일지도 모른다. 이를 T의 이야기에 비추어 본다면 T가 엄마의 지적을 받고 풀이 죽는 것, 자존감도 영향을 받게 되는 것은 예상 가능한 일이 아닐까?

'같은 문제를 틀리지 말라'고 배워야 했던 T처럼 압틴 또한 챔

피언이 되어야 한다고 배운다. 그림책에서 압틴의 아버지는 자신의 통제 아래서 아이를 가르쳐야 한다고 생각한다. 진정한 챔피언이 어떻게 먹고, 어떻게 자는지, 어떤 꿈을 꾸는지, 어떻게 걷고, 어떻게 강해지는지, 끊임없이 알려 주지만 압틴에게는 그 어떤 가르침도 소용없다. 아버지는 끝내 한숨을 쉬고 압틴의 존재를 무시한다. 너는 그 어떤 일도 해낼 수 없다며 압틴의 자존감을 꺾어 버리고 만다. 아이가 잘못될까 걱정되는 마음 또는 더 잘되기를 바라는 마음을 제대로 표현할 줄 몰라 이러한 실수를 초래하는 것이다.

■ **있는 힘껏 지지해 주세요**

사물을 놓고 생각해 보자. 예를 들어 누군가가 줄넘기를 보고 '못난 녀석'이라고 한다 해서 줄넘기 스스로 모욕을 당했다거나 창피하다고 생각하지는 않는다. 하지만 사람, 특히 아이들 마음은 다르다. 아이 마음에는 반드시 어떤 반응이 일어난다. 분노와 미움이 고개를 들 수도 있고, 부모의 말을 곧이곧대로 받아들여 자신을 가치 없는 존재로 생각하고 자존감이 낮아질 수도 있다.

자녀가 카리스마 있고 자신감 있는 사람으로 성장하기를 원한다면 부모의 가치관과 신념이 항상 옳다는 고집을 버릴 필요가 있다. 아이가 자신의 통제 아래 있다는 생각에서 벗어나 좀 더 너그러운 마음으로 기회가 닿을 때마다 긍정적인 메시지를 심어 주어야 할 것이다.

특히 지도자 유형 부모는 '강함'을 중시하는 경향이 강하다. 자녀가 독립된 성인으로 사회에 나가서 자기 몫을 해낼 수 있을 때까지 가르치는 것이 양육자의 의무라고 생각하기 때문이다. 지도자 유형의 부모가 생각해 봐야 할 중요한 지점이 여기에 있다. 본인의 자신감과 강함으로 자녀를 앞에서 이끌어 갈 것인가? 뒤에서 밀어 줄 것인가?

리더십은 흔히 앞에서 끌어 주는 능력이라고 생각할 수 있지만 부모의 리더십은 앞이 아닌 뒤에서 받쳐 주고 지지하는 능력으로 정의해 보면 어떨까? 아이가 정말 잘하는 게 무엇인지, 아이가 진짜 원하는 게 무엇인지 조금 더 열린 마음과 세심한 배려로 들여다보면 마음의 무게 추를 자연스럽게 옮길 수 있을 것이다. 아이가 자신감 있게 능력을 펼치기를 원한다면 자녀가 맘껏 달릴 수 있도록 8차선 고속도로를 만들어 주면 된다. 아무리 성능 좋은 경주차라 할지라도, 아무리 훈련이 잘된 드라이버라 할지라도 비좁은 골목길에서 제 속도를 내기는 어렵다. '누가 뭐래도 넌 내 자식이다.' '내가 네 뒤에 있다.' '자신감 있게 도전해도 괜찮다.' '도움이 필요할 땐 언제든 손 내밀어 안아 줄 내가 뒤에 있으니 할 수 있는 것을 마음껏 펼쳐 봐라.' 이런 마음가짐과 메시지를 아이에게 심어 준다면 서로가 함께 성장하며 달려갈 수 있을 것이다.

『진정한 챔피언』에서, 그림을 좋아하는 압틴은 챔피언이 된 가족들의 초상화에 웃는 입을 그려 넣는다. 초상화 속 가족들은 챔피언이었지만 그 모습이 행복해 보이지 않았기 때문이다. 이 장면은 압틴이 앞으로 자기표현을 하며 행동력을 보여 주겠다는 것을 상징적으로 이야기한다. 소극적이지만 그 누구보다 부드럽게 자신의 생각과 의지를 표현한 압틴만의 방법인 것이다. 그런 압틴을 두고 그 누가 자신감 없고 의지가 없다고 말할 수 있을까? 압틴의 아버지는 미소가 그려진 자신의 초상화를 확인하고 얼굴이 시뻘겋게 달아올라서 양손으로 볼을 감싸 쥔다. 처음에는 무척 당황하고 동요하겠지만 결국 아버지도 압틴의 말에 귀를 기울이고 아이의 성장을 함께하게 될 것이라 믿는다. 내 아이가 바라보는 부모의 표상이 잔뜩 성이 나 있는 초상화는 아닌가? 부디 현실에서는 아이가 그림에 미소를 그려 넣기 전에, 부모가 먼저 '박제된 미소' 대신 '살아 있는 미소'를 보여 주자.

마음 : 온(溫 On)
질문으로 내 마음 반짝 켜기

Q 저는 아이에게 제 의견을 적극적으로 이야기하는 편입니다. 그런데 아이는 '네.'라고 대답한 적이 드물어요. 어릴 때부터 꼭 토를 달고 자기가 잘못했다는 걸 알면서도 인정하지 않아요. 요즘은 말대꾸가 심해져서 제가 크게 화를 내곤 합니다. 어떻게 하면 좋을까요?

A 아이가 부모 말에 일일이 토를 다는 상황이 기분 좋지는 않지요. 하지만 화나는 마음을 표현하기 전에 살펴보아야 할 것이 있습니다. 아이가 하는 말이 대답인지 대꾸인지부터 구분하는 일입니다. 대답의 사전적 의미는 '부르는 말에 응하여' 이야기한다는 뜻이고 대꾸는 다른 사람의 말을 그대로 받아들이지 않고 바로 그 자리에서 자기 의사를 표현한다는 뜻입니다. 아이에게 말할 기회를 주지 않고 어른의 생각과 지시만 늘어놓는다면 아이 입장에서 '네'라는 대답이 잘 안 나오고, 상대의 말을 인정하기 싫겠지요. 아이의 대꾸가 불편하다면 먼저 대답할 기회를 줘 보는 건 어떨까요?

먼저 아이의 생각이 무엇인지 차근히 들어 보는 시간이 필요합니다. 잘 말하기보다 잘 듣기가 더 중요하다는 사실을 잊지 마세요. 자녀에게 구체적으로 대답할 기회를 주고 속으로 열을 세면서 기다립니다. 말투가 마음에 안 든다고 지적하거나 혼을 내면 안 됩니다. 자녀의 이야기를 들었다면 이제 어른의 뜻을 전하세요. 열린 마음으로 대화를 주고받고 의견을 조율하는 경험을 쌓아 갈 때 아이와 부모의 관계가 편해집니다.

Q 이제 초등학교 5학년이 된 아들이 스스로 결정해야 할 일을 혼자 정하지 못하면 자꾸만 화가 납니다. 친구랑 약속 시간 정하는 사소한 것에서부터 무슨 공부를 먼저 할지, 어떻게 할지조차 결정하지 못하니 속이 터집니다.

A 진취적인 성향의 양육자는 아이의 이런 성향을 이해하기 어려워하기도 합니다. 아이가 초등학교 고학년이 되면 스스로 선택하고 결정할 수 있는 일들이 조금씩 늘어나지요. 하지만 아직은 어른의 조언과 도움이 필요한 과도기입니다. 아이가 결정을 내리지 못하고 있을 때 화가 나는 이유가 아이가 제 역할을 못 하는 것 같은 불안함 때문은 아닌지 생각해 보세요.

양육에 있어서 중요한 점은 자녀의 도움 요청을 거절하지 않는 것입니다. 먼저, 아이가 혼자서 결정할 수 있는 일의 범위를 함께 정해 보면 도움이 됩니다. 예를 들어 학용품을 구입할 때는 5000원

안에서, 친구와 함께 놀 때는 저녁 여섯 시 전까지 등, 상한선이 있을 때 아이도 선택과 결정이 조금 수월해집니다. 이렇게 자녀 혼자 결정하고 선택할 수 있는 적정한 한계와 범위를 정해 보세요. 꼭 자녀와 함께 타협하며 조율해 정하고, 그 안에서 자녀가 선택하고 결정한 것에 조언이나 잔소리는 금지입니다.

그다음에는 아이의 영역으로, 본인이 시행착오를 겪더라도, 후회를 하게 되더라도, 자신의 결정에 책임을 지는 연습과 훈련이 필요합니다. 여유를 갖고 그러한 경험을 차곡차곡 쌓다 보면 혼자서 선택하는 힘이 길러질 것입니다. 부모에게 무엇보다 중요한 점은 '기다림'이라는 것을 기억해 주세요.

- 자녀가 잘못했을 때 어떻게 하시나요? 야단쳤을 때의 경험을 떠올려 봅시다.
- 자녀에게 필요 이상의 화를 내거나 분노한 적이 있나요? 언제였는지 떠올리고 그 느낌도 함께 적어 봅시다.
- 배우자는 부모 역할을 하고 나는 아이가 되어 바닥에 무릎을 꿇은 자세로 역할극을 해 봅시다. 자녀의 시선에서 강압적인 부모의 모습을 경험해 보는 활동입니다. 바꿔서도 해 봅시다. 어떤 느낌이 들었는지 정리해 봅시다.
- 자녀가 진짜 잘하는 것은 무엇인지, 진정 원하는 것은 무엇인지 살펴봅시다.
- 자녀에게 가장 부드럽고 친절하게 대했을 때를 떠올려 봅시다. 어떤 감정을 느꼈나요?

함께 읽으면 좋은 책

너 왜 울어?

바실리스 알렉사키스 글, 장-마리 앙트낭 그림, 전성희 옮김,
북하우스, 2009

이야기는 '코트 입어!'라는 엄마의 문장으로 시작된다. 글의 대부분이 아이를 채근하는 엄마의 문장으로 이루어진 그림책. 그림에는 오로지 아이만 등장한다. 우리가 아이에게 무심코 내뱉는 말이 부정문과 명령문으로만 이루어지지는 않았는지 생각해 보도록 안내한다.

빨리빨리라고 말하지 마세요

마스다 미리 글, 히라사와 잇페이 그림, 김난주 옮김,
뜨인돌어린이, 2011

주인공인 작은 배는 바다를 항해하며 다양한 경험을 한다. 다른 배, 물고기와 자신이 다름을 인식하기도 하고 잠시 쉬기도 한다. 어둡고 슬픈 망망대해를 떠돌기도 하고 줄에 잡아당겨지기도 하며 무언가에 눌리기도 한다. 작은 배는 바로 우리 아이들을 상징한다. 메마른 감성으로 바쁘게 사는 부모의 마음도 말랑말랑하게 만들어 어떤 시선으로 우리 아이를 바라봐야 하는지 자연스럽게 알게 해 준다.

에드와르도 - 세상에서 가장 못된 아이

존 버닝햄 글·그림, 조세현 옮김, 비룡소, 2006

주위에서 흔히 볼 수 있는 평범한 아이 에드와르도는 어른들의 말 한마디, 한마디에 점점 더 버릇없고, 점점 더 시끄럽고, 점점 더 못된 아이가 된다. 부모의 말, 부모가 아이를 보는 관점이 얼마나 중요한지 엿볼 수 있는 그림책이다.

에니어그램 깊이 알기

매사에 주도적인 지도자

이 유형은 에니어그램으로 보았을 때 8번에 해당하는 사람들이다. 자신이 어디서나 스스로를 당당히 내세우고 불평이나 분노도 거리낌 없이 표현하는 강한 면을 지녔다고 생각하기도 한다. 이런 성향의 양육자들은 자기 자신을 '누구와도 맞설 수 있는 정의로운 사람'으로 평가하는 편이다. 불의에 맞서 약자인 자녀를 보호하려는 경향이 강해 아이를 잘 돌봐 주고 이끌어 준다. 반면 자녀가 옳지 못한 상황에 놓이거나 그 상황을 만들었다고 생각하면 직접 나서야 한다고 느끼게 되어 자녀를 지배하려 하고 자녀 대신 주도권을 잡으려 할 가능성이 높다. 심지어 그때 느낀 감정을 자녀에게 그대로 돌려주려고 하기도 한다. 지나치게 권위적으로 행동하는 등 건강하지 않은 영향을 줄 수도 있다. 하지만 8번 유형이 자신의 자녀를, 다른 사람들을 얼마나 아끼고 위하는지 기억한다면 자기 안의 따뜻한 마음을 발견하며 마음이 열리는 상태가 된다. 내면의 부드러움을 타인과 나누는 과정에서 건강한 리더십이 발휘되고, 주위 사람들과 함께 성장하는 기쁨을 누린다.

지도자 유형은 힘이 있고 의지가 굳으며 공정하고 앞장설 줄 아는 사람들이다. 그 강점을 살려 낸다면 자녀뿐만 아니라 주위 사람들과도 편안하고 따뜻한 관계를 유지할 수 있을 것이다.

■ **나에게 이런 말을 들려주세요**

- 아이는 스스로 자기 길을 찾아 나갈 거야.
- 부드럽고 다정한 것이 나약한 것은 아니야.
- 관계를 가꾸려면 때로 타협하기도 해야 해.
- 우승하지 못해도 의미 있는 경기가 될 수 있어.
- 나와 타인의 생각은 충분히 다를 수 있어.

많은 사람과 잘 지내고 싶은 평화주의자형 부모

"갈등을 일으키고 싶지 않아요"

박신자

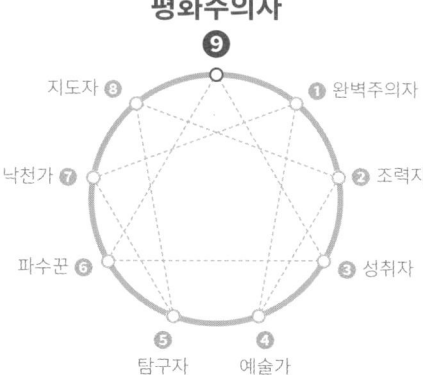

평화주의자 ❾
❽ 지도자
❼ 낙천가
❻ 파수꾼
❺ 탐구자
❹ 예술가
❸ 성취자
❷ 조력자
❶ 완벽주의자

평화주의자형 성격유형 파악하기

■ "그래, 네 말이 다 맞아!"

온화한 미소를 지으며 연신 고개를 끄덕이는 P는 결국 오늘도 K의 이야기를 들어 주고 있다. P와 K는 자녀의 축구 교실에서 만나 친구가 되었다. K는 자신의 주장이 강한 반면 P는 주장하기보다 수용하는 경우가 많으며, 타인의 제안을 거절하지 못하고 따르는 편이다. 이번에도 K는 아이들에게 좋은 학원이 있다며 함께 보내자고 제안했다. P는 아이에게 학원이 꼭 필요하지 않다고 보았지만 K가 지금이 적기라고 주장하자 자신의 생각은 뿔뿔이 흩어지고 말았다. K는 본인 의견이 가장 중요하다는 듯 연신 말을 쏟아냈고 P는 호응하며 고개를 끄덕였다. P는 속으로 '그래, 네 말이 맞는 것 같아. 모든 측면에는 나름대로 다 장점이 있으니까. 너에게 맞추어도 큰 문제는 없을 거야.'라고 생각한다. P 같은 성격유형의 사람을 설명하자면 갈등을 싫어하는 평화주의자라 할 수 있다.

평화주의자들의 가장 큰 특징은 충돌을 피하려는 마음이다. 이들은 타인과의 갈등을 싫어해서 상대의 말은 잘 수용하지만 자신이 원하는 것은 좀처럼 표현하지 않는다. 식사 메뉴를 고를 때나 여행지를 선택할 때조차 자기 주장을 내세우는 법이 거의 없다. "좋은 게 좋은 거잖아!"를 외치며 자신의 욕구를 뒤로 미루는 것이다. 이러한 특성은 어떠한 상황에서도 상대의 의견에 공감하며 수긍하는 태도로 나타나기 때문에 평화주의자들은 정직하지 않다거나 줏대 없다는 오해를 받기도 한다. 하지만 이러한 측면은 포용력이 크다는 의미이기도 하다. 이들은 반대되는 양쪽 상황 모두에서 장점을 찾아내는 능력이 뛰어나고, 그래서 타인에게 편견 없이 수용적이며 친절하다. 자신의 감정보다 타인의 감정을 민감하게 알아채며 잘 받아들이고, 공감할 줄 안다. 이러한 성격이 직장이나 모임에서 사람들 간에 발생하는 갈등이나 미묘한 감정싸움을 효과적으로 조정하도록 만든다. 뛰어난 중재자이며 협력자 역할을 하는 것이다.

하지만 이러한 장점은 약점으로 이어지기도 한다. 평화주의자들의 가장 큰 약점은 자신을 중심에 두지 않고 타인을 중심에 둔다는 점이다. 이들은 일이 주어지면 잘 해낸다. 하지만 적극적으로 아이디어를 내거나 새로운 일에 도전하는 것을 두려워하기도 한다. 왜냐하면 이들에겐 일상의 평화가 가장 중요한데 자신의 생각과 욕구를 드러내면 잔잔하게 유지되던 일상이 깨질 수도 있다고 여기기 때문이다. P 또한 마찬가지였다. K의 생각에 반대하면 사이가 멀어지고 자신의 아이도 K의 아이와 헤어져 외롭게 될까 불안했던 것이다.

이럴 때 평화주의자들은 '나는 없고 너만 있는' 상태에 놓이기 쉽다. 자신의 욕구를 최소화하고 다른 이의 뜻에 자신을 맞추려 하는 성향이 나타난다. 그렇게 하면 혹시나 생길지 모를 거부나 좌절 혹은 낙담을 피할 수 있으리라 생각하는 것이다.

갈등이 두려워 생각과 감정, 욕구를 표현하기 힘들어하는 P에게 그림책 『곰씨의 의자』를 권했다.

■ 거절하기가 어려운 사람들에게

숲속에 곰씨의 의자가 놓여 있다. 그 의자는 곰씨를 평화롭게 만드는 자리이며 그만의 공간이 되어 준다. 의자에 앉아 시를 읽고 차를 마시며 얻는 평화가 곰씨는 너무나 좋다. 평범한 일상에서 즐거움을 찾고 일상의 단순한 기쁨에 만족하는 곰씨는 평화주의자의 특징을 잘 보여 준다. 친절한 곰씨는 어느 날 여행을 하느라 몹시 지친 토끼와 슬퍼 보이는 무용가 토끼에게 자신의 의자 한쪽을 내어 준다. 얼마 후 두 토끼는 결혼을 했고 아이가 태어나고

『곰씨의 의자』
노인경 글·그림, 문학동네, 2016

또 태어난다. 처음에는 견딜 만했지만 아이들이 늘어나면서 곰씨의 평화는 깨져 버린다. 의자는 토끼 가족이 대부분 차지했고, 곰씨는 한쪽 귀퉁이에 겨우 걸터앉을 뿐이다. 책을 읽을 수도 차를 마실 수도 없다. 혼자만의 시간을 보내고 싶지만 토끼 가족에게 말할 수 없다. 고민 끝에 곰씨는 의자에 누워도 보고 페인트도 칠하면서 자신의 마음을 에둘러 표현한다. 하지만 토끼 가족은 그의 마음을 알아차리지 못한다. 결국 곰씨는 마지막 수단으로 의자에 똥을 싸는 처절한 방법을 동원하지만 비가 내려 그 또한 무용지물이 되고 만다. 곰씨는 자신같이 친절한 곰이 왜 이래야 하는지 알 수 없다고 절규하며 쓰러진다.

 P는 곰씨가 자기 같다며 안타까워했다. 토끼 가족이 받을 상처가 싫고 관계가 어색해질까 봐 두려워 더 확실한 의사 표현을 못 했을 것이라고 추측했다. 평화주의자가 가장 두려워하는 것은 바

로 '단절'이다. 곰씨가 '직설적으로 거절'하지 못하고 의자를 차지하는 '행동'을 통해 에둘러 표현한 데에는 토끼 가족과 단절될까 봐 두려워하는 마음이 깔려 있다. 하지만 그 마음이 제대로 전달될 리 없다. 곰씨가 찾은 방법 중 큰 바위 옮기기는 자신을 다치게 만들었고, 새로운 의자 만들기 또한 수포로 돌아갔다. 결국 그는 본인의 가장 치욕스러운 부분까지 내보이고 만다.

평화주의자들은 인간관계에서 갈등 상황을 만들고 싶지 않기 때문에 자신의 불편한 마음을 말하지 않으려 한다. 하지만 그런 관계는 오래갈 수 없다. 불만은 가득한데 말을 하지 못하니 상대에게는 평화주의자들의 행동이 나태함으로 보이기도 한다. 이들은 건강한 상태일 때 활기차고 적극적으로 타인과 관계를 맺지만 스트레스 상태에 놓이면 문제를 회피하고 해결을 미루면서 관계를 포기하고 싶어 한다. 자신이 원하지 않는 일에는 조금도 움직이지 않

는 대책 없는 고집쟁이가 되기도 하는 것이다.

토끼 가족의 정성 어린 간호를 받고 정신을 차린 곰씨는 용기를 내어 자신의 속마음을 말한다. 평화주의자들이 평온함에 대한 집착을 내려놓고 자신을 특별하고 소중한 존재로 인정한다면 거만하거나 떼쓰지 않는 방식으로, 적당히 단호하고 당당하게 자신의 의견을 말할 수 있다. 'NO'라고 말해도 관계는 끊어지지 않는다. 곰씨의 속마음을 알게 된 토끼 가족은 더욱더 그를 존중하고 배려한다. 관계에서 가장 중요한 것은 자신의 욕구와 타인의 욕구를 똑같이 존중하는 것이다. 그 지점을 잘 표현하는 것이 중요하다고 『곰씨의 의자』는 말한다.

P는 곰씨의 마음을 소리 내어 읽으며 탄성을 질렀다. 그녀는 곰씨가 자신의 마음에 집중하고 그것을 잘 말해서 기쁘다며 반색했다. 곰씨처럼 자신의 마음을 알아차려 적절하게 표현하고

곰씨가 따로 만든 1인용 의자는 결국 부서져 버린다.
ⓒ『곰씨의 의자』, 노인경, 2016, 문학동네

싶다는 이야기도 덧붙였다. 그림책을 통한 통찰이 일어나는 순간이다.

✓ 나는 평화주의자 유형일까?

1	나는 마음 편안한 것이 가장 중요하다.	☐
2	자연 속에서 위안을 얻고 친숙하고 편안한 환경에서 평화로움을 느낀다.	☐
3	이만하면 됐다고 생각하며 대체로 내 상태에 만족하는 편이다.	☐
4	갈등을 피하기 위해 내 의견을 주장하기보다 남들이 하자는 대로 따르는 편이다.	☐
5	공정한 중재자로서 주변 상황을 조화롭게 만드는 능력이 있다고 생각한다.	☐
6	문제가 생기면 억지로 해결하기보다 시간이 해결해 주리라 생각하며 기다린다.	☐
7	내 뜻대로 일을 만들어 가기보다 되는 대로 내버려 두는 편이다.	☐
8	앞에 나서기보다 뒤에서 지켜보는 쪽이 편하다.	☐
9	스트레스를 받으면 그 상황에 집중하지 못하고 회피하려 한다.	☐

그림책으로 살펴보는
나의 모습, 아이의 모습

■ **마음 쏟아야 할 곳, 시선 주어야 할 곳**

타인의 요청에 민감하고 성실하게 반응하는 평화주의자들은 때로 자신과 가까운 사람을 챙기는 일에 소홀해지기도 한다. 자기 말을 잘 들어 주고, 혼내지 않으며, 간섭하지 않는 엄마에게 하영이가 서운함을 느낀 원인이 바로 거기에 있었다.

하영이의 엄마 A는 안정적이고 포용적인 평화주의자 유형으로 타인을 있는 그대로 받아들이는 힘이 강한 편이다. 특히 평화주의자 성향이 두드러지는 이들은 '인내심'이 많다. 아이가 스스로 선택하고 성장할 수 있도록 믿고 지켜보면서 묵묵히 기다려 줄 수 있는 마음이 큰 장점이다. A 역시 아이가 원하지 않는 일은 강요하지 않고 친구 같은 편안함을 주는 온화한 엄마였다.

어느 날, 하영이는 "우리 엄마는 나에게 관심도 없고 신경도 안

써요."라며 서운함을 토로했다. 같은 학원에 다니는 단짝 친구와 다툼이 잦아지면서 학원을 옮기고 싶었는데, 엄마는 '사소한' 갈등 때문에 학원을 바꾸는 건 바람직하지 않다고 여긴 것이다.

이들은 건강할 때는 경청을 잘하고 타인을 인정하는 방향으로 행동하지만 건강하지 않을 때에는 엄격한 잣대를 들이대며 자기 만족적인 방향으로 행동한다. A는 하영이의 변덕스러움과 과격한 자기주장이 당황스러웠고 시간이 흐르면 자연스럽게 해결될 거라는 생각으로 하영이의 요구를 대수롭지 않게 여겼다. A에게는 갈등을 지켜보는 일도 그것을 해결하는 일도 힘들었다.

양육자가 갈등이나 문제 상황을 회피하거나 쉽게 넘겨 버리려고 한다면 아이들도 반드시 영향을 받게 된다. '우리 엄마는 중요한 게 없는 사람이야, 내가 아무리 중요하다고 이야기해도 하찮게 생각하는 것 같아.'라고 생각할 수 있다. 하영이 역시 '엄마는 잔소리가 없어 좋기는 하지만 중요한 결정을 내릴 때에도 도움을 주지 않고 내버려 둬서 속상하다'고 말한다. 하영이의 감정을 잘 보여 주는 그림책이 『우리 엄마는요』이다.

팔짱을 끼고 귀를 한껏 세운 꼬마 토끼는 무언가에 단단히 화가 나 있다. 꼬마 토끼는 "난 엄마가 미워."라는 충격적인 고백과 함께 엄마가 미운 이유를 나열한다. 주말이면 늦잠 자느라 밥을 주지 않아서, 내가 보고 싶은 만화영화는 못 보게 하면서 엄마는

『우리 엄마는요』
사카이 고마코 글·그림, 김숙 옮김, 북뱅크, 2020

드라마를 마음껏 봐서 화낼 일도 아닌데 걸핏하면 화를 내서 밉다. 나한테는 서두르라고 하면서 엄마는 늘 꾸물거려서 밉고, 유치원에 늦게 데리러 와서 밉다. 양말을 안 빨아 놔서 어제 신은 것을 오늘 또 신게 만든 것도 밉다.

아이의 눈에 비친 엄마의 모습이 적나라하다. 만약 평화주의자가 갈등 상황에 놓인다면 그림책 속 엄마 토끼처럼 일상적인 일을 미루고 움직이려 하지 않을 가능성이 높다. 복잡한 상황을 차단하고 싶어 하는 성향에 내재된 무의식적 욕구다.

엄마의 모순적 태도는 꼬마 토끼를 힘들게 한다. 엄마가 '나에게는 밥도 빨리 먹고, 옷도 빨리 입고, 걸음도 빨리하라고 재촉하면서, 길에서 만난 엄마의 친구와는 하염없이 이야기를 나눈다는 것'이다. 그 모습을 보며 꼬마 토끼는 엄마에게 중요한 사람이 나 아닌 다른 사람일지도 모른다고 생각한다.

엄마는 타인에게 충실하면서 가족은 소홀히 대하는데, 이는 타인과 관계를 유지하는 데 많은 에너지를 써 버려 정작 중요한 자기 자신이나 가까운 사람에게 쓸 에너지가 남아 있지 않은 모습을 상징한다. 평화주의자들이 에너지가 고갈된 상태에 있으면 갈등 상황은 그들의 분노를 일으키고 그 마음은 엄격하거나 고집스럽게 타인을 통제하는 행동으로 이어지기도 한다. 무언가 도전하려는 의지는 꺾일 것이고 자포자기하는 심정, 나태한 마음이 생겨나게 된다. 아이는 답답함에 자신이 무시당한다는 느낌을 받을 수 있다. 그런 느낌은 아이의 자존감을 떨어뜨리고 부모를 향한 신뢰를 거두게 만든다. 자신을 독립된 개체로 인정하지 않고 적극적으로 어떤 행동을 취하지 않는 엄마의 모습이 답답하다. 엄마의 사랑이 의심스럽기도 할 것이다. 아이가 도와 달라고 요청하면 부모는 응답해야 한다. 시간이 흐르면서 자연스럽게 해결될 거라는 생각으로 미뤄 둔다면 부모를 향한 신뢰는 물론 아이는 자신에 대한 신뢰까지 잃어버릴지 모른다. 아이의 요구를 민감하게 보고 효과적으로 대처할 때 아이와 부모는 더욱더 신뢰하는 관계가 된다. 아이의 교육에 있어서 갈등은 회피의 대상이 아니라 극복해야 할 대상이다.

■ 알아차리고 사랑하고 안아 주기

그림책 『우리 엄마는요』에서 화가 난 꼬마 토끼는 엄마에게 이별을 고하고 집을 나간다. 하지만 꼬마 토끼는 금세 돌아와 엄마에게 묻는다. "엄마, 나랑 다시 만나서 기뻐?" 엄마는 활짝 웃으며 대답한다. "너무너무 기쁘단다!" 엄마에 대한 원망은 내려놓고 엄마의 품으로 뛰어드는 꼬마 토끼가 무척 사랑스럽다. 엄마 역시 다시 문을 두드린 아이를 외면하지 않고 꼭 안아 주며 미안함과 사랑을 표현한다. 아이가 엄마 마음을 불편하게 해도 내버려 두지 않고 그 감정을 알아채고 마음을 받아 줄 때 진정한 소통이 시작된다고 봐야 한다. 아이를 믿고 지지하는 것과 방임과 태만은 엄연히 다르다. 막연히 잘될 것이라는 기대로 아이의 감정을 무시하거나 문제를 단순화해서는 안 된다.

평화주의자들이 자신 안에 대담하게 움직일 수 있는 엄청난 에너지와 힘이 있다는 사실을 알아차리길 바란다. 소극적인 반응에서 벗어나 자신의 욕구나 의견을 당당히 밝히고 적극적으로 행동해서 그것을 이루어 내도록 노력해야 한다. 아이의 요청에 즉각적으로 반응하고 일관성 있는 태도를 보여 주어 아이가 믿고 의지할 수 있는 양육자가 되자. 해야 할 일이나 내려야 할 결정이 있다면 게으름을 털어 내고, 피하지 말고 부딪쳐 보는 것이다.

마음 : 온(溫 On)
질문으로 내 마음 반짝 켜기

Q 아이가 자신의 생각이나 감정을 잘 표현하지 않습니다. 가장 많이 쓰는 단어가 "괜찮아." "잘 모르겠어."입니다. 제가 "괜찮아 그럴 수도 있지."라는 말을 입에 달고 살아서 그런지 아이도 많은 일에 너그러운 태도를 보입니다. 그게 너무 지나쳤을까요? 매사에 단호함이 없습니다. 친구를 대할 때에도 무난한 정도를 넘어선 것 같아요. 거친 말이나 행동을 하는 친구에게도 적극적인 대응이나 방어를 하지 않습니다. 친구들에게 많이 치이고 상처받지는 않은지 걱정이 큽니다.

A 아이는 부모의 뒷모습을 보며 자란다고 하지요. 타인을 수용하고 이해할 줄 아는 부모의 모습에서 아이는 편안함을 느꼈을 겁니다. 하지만 갈등이 가장 큰 스트레스인 평화주의자 부모가 갈등 상황을 잘 다루지 않고 회피하는 모습을 보였다면, 그 또한 아이에게 일정한 지침으로 보였을 수 있습니다. 자신의 감정이나 생각을 드러내는 것이 옳지 않다는 사인이었던 셈입니다. 상황은 저절로 나아지지 않습니다. 이제는 변화를 위해 부모가 나서야 할 때입니다. 질문자도 지금까지는 괜찮지 않은데 괜찮은 척 행동할

때가 종종 있었을 거예요. 그럴 때마다 마음속에는 분노의 감정이 쌓이지만 잘 인정하지 않았죠. 이제 아이와 함께 내 마음을 알아차리고 그것을 적절히 표현하는 방법을 배우시길 바랍니다. 억눌린 부정적 감정은 차곡차곡 쌓이게 되고 그것은 어느 순간 활화산처럼 폭발해 대인 관계를 더욱 어렵게 만들 수 있습니다. 아이의 행동보다는 감정을 포착해 표현할 수 있도록 도와주세요. 감정 어휘를 사용해 아이의 마음을 읽어 주고 부정적인 감정도 소중하다는 것을 알려 주세요. 아이와 함께 마음일기 쓰기를 추천합니다. 각자의 마음일기를 교환해서 읽고 서로의 마음을 공감하고 이해해 준다면 그보다 좋은 것은 없겠죠. 마음을 억누르지 않고 그때그때 알아봐 주고 인정해 주면 마음의 힘도 강해집니다. 그러면 아이가 친구들의 지나친 행동을 단호하게 저지하고 자신을 방어하는 힘도 기르게 될 거예요.

Q 아이에게 늘 "할 수 있는 만큼만 하면 돼."라고 말해 왔습니다. 그런데 아이는 점점 포기하는 것이 많아지고 기본적인 생활 규칙조차 지키려 하지 않습니다. 게으르고 나태한 모습을 보이는 아이, 어떻게 하면 좋을까요?

A 우리는 지나친 통제가 아이에게 미치는 부정적인 영향을 너

무나 잘 압니다. 그래서 허용하고 수용하며 기다려 주기 위해 애 씁니다. 그런데 허용 또한 지나치면 일관성이 없어지고 아이에게 필요한 방향성을 제시하지 못할 수도 있습니다. 아이에게 과도한 기대를 품는 것도 문제지만 아무런 기대감을 표현하지 않는 것 또한 문제이기 때문입니다.

평화주의자인 양육자는 자신도, 기대에 부응해야 한다는 부담, 강요받는 느낌을 싫어하기 때문에 아이에게 비슷한 감정을 느끼게 하지 않으려 합니다. 하지만 아이는 처음에는 부모가 원하는 것을 해 나가며 자랍니다. 시간이 지나면 스스로 원하는 것을 알게 되지요. 부모가 무언가를 바란다는 것을 아이에게 알려 줘야 아이도 자신이 가치 있는 존재라는 생각을 할 수 있는 것입니다. 부모의 과도한 허용과 방임은 욕망이 없는 아이를 만들 수 있다는 사실을 기억하세요.

이제는 지나치게 허용적인 자세에서 벗어나 아이와 함께 목표를 세우고 구체적인 행동 방향성을 제시해 주는 과정이 필요합니다. 평화주의자인 부모 역시 목표를 세우고 적극적으로 실천하는 데에 어려움을 겪는 성향일 것입니다. 그러므로 아이와 함께 목표에 집중해서 일을 진행할 수 있는 시간 관리 기술을 배우길 권합니다. 매일 간단하게 아이와 함께 해야 할 일을 적고 분명한 기준으로 그것을 실천하시길 바랍니다. 그리고 목표한 일을 달성하게 되면 적극적인 보상을 통해 동기를 부여하는 시간도 만들어 보세요. 무엇보다 먼저 행동하십시오. 부모의 행동이 아이의 행동으로 이어진다는 점을 명심해 주시길 바랍니다.

- 『곰씨의 의자』의 곰씨처럼 관계가 깨지는 것이 두려워 자신의 마음을 표현하지 못했던 적이 있나요? 행복한 관계를 맺기 위해 힘들어도 꼭 해야 하는 일은 무엇인지 생각해 봅시다.
- 『우리 엄마는요』의 토끼 엄마처럼 아이가 무언가를 요구했을 때 미뤄 두었던 경험이 있나요? 그때 내가 느낀 불편한 감정은 무엇인가요? 그 요구가 충족되지 않았던 아이의 마음은 어땠을지도 상상해 봅시다.
- 평화주의자들이 내면의 성장을 위해 자신에게 들려주어야 할 이야기입니다. 필요할 때 스스로에게 말해 보세요.
  - 타인과 갈등이 일어나는 것은 정상적인 일이며 또한 갈등을 표현하는 일도 필요함을 인정하자.
  - 내가 진정으로 원하는 것을 인정하는 법을 배우고 그것을 타인에게 잘 전달하는 법을 연습하자.
  - 마음속에서 일어나는 갈등을 잊기 위해 TV를 보거나 잠을 자는 것처럼 다른 행동을 하는 순간을 알아차리자. 그 습관을 멈추고 지금 당장 그 갈등을 해결하기 위해 행동하자. 그저 해 보는 거다.
  - 타인과의 지나친 애착에서 벗어나고 서로 간의 독립을 격려할 수 있도록 경계를 명확히 하자.

함께 읽으면 좋은 책

진짜 내 소원
이선미 글·그림, 글로연, 2020

평화주의자 유형은 타인의 욕구에 집중하느라 내 욕구를 잘 돌보지 않는 편이다. 이 그림책은 '진짜 내 소원'을 찾으면서 나의 욕구에 집중해 볼 수 있는 이야기이다. 한 아이가 도자기호리병을 받고, 병을 문지르자 소원을 들어주는 지니가 등장한다. 아이의 첫 번째 소원은 공부를 잘하게 해 달라는 것이었는데, 소원이 이뤄지자 기뻐한 사람은 자신이 아니라 엄마였다! 아이는 자신이 진정으로 원하는 것을 찾을 수 있을까?

끼인 날
김고은 글·그림, 천개의바람, 2021

『끼인 날』의 주인공은 여기저기 끼어 움직이지 못하는 동물들과 사람들을 구해 준다. 집에 돌아오니 부모님 사이에 싸움 요정이 끼어 있는데…… 중재자와 해결사 역할을 잘 해내는 평화주의자 유형에게 유익한 그림책이다. 어느 날 내가 어딘가에 끼어 힘들어지면 어떻게 해야 할까?

꼬박꼬박 말대꾸 대장
모린 퍼거스 글, 친 렁 그림, 공경희 옮김, 찰리북, 2016

자꾸만 말대꾸하는 아이와 어떻게 대화하면 좋을지 보여 주는 그림책. 다 먹은 그릇을 가져다 달라는 엄마의 간단한 부탁을 두고 베니는 '꼬리잡기 대화'를 시도한다. 꼬리에 꼬리를 무는 베니의 대화는 깨진 그릇을 치우는 상상, 반성의 시간에 관한 상상, 동물원과 서커스에 가는 상상까지 이어진다. 아이의 투정에 센스 있게 대처하는 관대하고 너그러운 우리, 이 책의 엄마처럼 사랑과 관심은 표현하되 아이에게 필요한 가르침은 꼭 전해 주는 자세를 배워 보자.

에니어그램 깊이 알기

평화를 추구하는 중재자

느긋하고 여유로운 태도로 타인에게 신뢰와 안정감을 주는 성격의 소유자들이다. 삶이 언제나 안정적이고 평화롭기를 바라는 마음이 커서 갈등 상황에 놓이는 것을 싫어하는 경향이 크다. 그래서 상대의 입장부터 챙기고 서로를 이해하도록 돕는 중재자 혹은 조화로운 사람이라는 별칭도 갖고 있다. 하지만 적극적으로 자신의 생각과 의견을 피력해야 할 때조차 나서지 않고 문제를 축소시키거나 회피하려는 성향 때문에 수동적이고 고집스럽다는 평가도 받는다. 이들은 에니어그램 9번 유형으로 도형의 중심에 위치하여 다른 모든 유형의 특성을 보이기도 한다. 순응적이고 온화한 성격에서부터 독립적이고 강인한 성격까지 다양한 모습을 갖고 있다. 9번 유형의 부모는 자녀들에게 포용적이며, 인내심을 갖고 기다릴 줄 아는 여유로움도 보여 준다. 다만 문제 상황에 놓이거나 스트레스를 받으면 그것을 해결하기보다는 피하고 싶어 하는 경우가 많다. 그래서 부정적이고 나태한 대처로 답답한 모습을 보일 때도 있다. 그러나 이들이 자신을 믿고 건강한 방향으로 나아가려 노력한다면 사람들을 화합시키고 갈등을 치유하는 내면의 힘으로 자녀들에게 안전하고 편안한 가정을 제공해 줄 수 있으며 그들이 마음껏 자신의 목표를 성취하도록 돕게 될 것이다.

■ **나에게 이런 말을 들려주세요**

- 때로는 건강한 다툼도 필요해.
- 내가 원하는 걸 요구해도 괜찮아.
- 나도 화날 때가 있지!
- 아이가 나를 필요로 할 때 적극적으로 다가가 보자.
- 모든 사람의 기대를 만족시킬 수는 없어.

원칙을 고수하는 완벽주의자형 부모

"규칙은 꼭 지켜야 해요"

권수진

완벽주의자형 성격유형 파악하기

■ **나에게 모범이 되며 타의 모범이 되는 사람들**

"위 학생은 평소 행동이 올바르고 학교생활에 충실하여 타의 모범이 되므로 이 상을 수여합니다."

어린 시절 한 번쯤 봤을 상장의 문구를 생각하면 떠오르는 친구 H는 말 그대로 법 없이도 살 사람, 우리가 흔히 말하는 '교과서 같은' 사람, 도덕 교과서에서 배운 그대로를 실천하는 친구이다. 우측통행을 하라고 하면 어떤 일이 있어도 우측통행을 해야 하고, 쓰레기를 함부로 버리거나 욕을 하는 것은 물론 수도와 전기를 낭비하는 일 또한 조금도 용납하지 않는다. 사회에 필요한 규칙 앞에서 H에게 '나 하나쯤이야.'라는 생각은 통하지 않는다. '나부터' 규칙을 지켜야 '나'뿐 아니라 '사회적'으로 변화가 생긴다는 믿음이 있기 때문이다. H는 절약 정신이 몸에 배어 있고 사람을 대할 때에도 함부로 하는 법이 없다. 앞서 말한 그대로 '타의 모범'이 되는 전형이라고 할 수 있다. 요즘 같은 개인주의 시대에, 함께하는 세상 속에서 보편적인 틀을 지키며 사는, 흔히 말하는 '정의'를 실천하는 성향이다.

그런 H가 아이를 기르며 화가 많이 늘었다고 한다. 참아 보려 해도 갑자기 욱하며 화를 내는 자신의 모습이 싫다고 눈물을 흘렸다. H와 만나는 날, 그림책 『규칙이 있는 집』을 준비했다. 주인공 이안과 H는 지켜야 할 것들을 정해 두고 엄격하게 실천해 나가는 '완벽주의자'라 할 수 있다.

■ 통나무집의 규칙을 어기면 어떻게 될까?

"규칙은 꼭 지켜야 해."라고 항상 이야기하는 이안은 요즘 칫솔 챙기기에 몰두해 있다. 누나 제니는 규칙을 지키는 데 크게 관심이 없고 특히 '꼬집지 말기'라는 규칙을 종종 어긴다. 아빠가 정한 '거

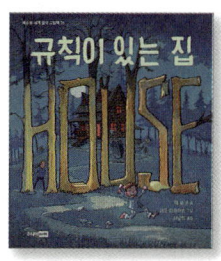

『규칙이 있는 집』
맥 바넷 글, 매트 마이어스 그림, 서남희 옮김,
주니어RHK, 2017

짓말하지 말 것'이라는 규칙에도 아랑곳하지 않고 이안을 꼬집으며 시치미를 뗀다.

이야기는 이안과 누나 제니가 방학을 맞아 숲속 통나무집으로 여행 가는 상황을 보여 준다. 집 안으로 들어서는 남매를 맞이한 것은 통나무집 규칙이 잔뜩 적힌 액자였다. 이안은 규칙이 있다는 것을 멋지다고 생각하지만 제니는 그저 답답해한다.

예상대로 제니는 규칙을 무시해 버리고, 이안은 잔소리를 퍼붓는다. 제니는 통나무집의 마지막 규칙인 '빨간 문을 절대로 열지 말 것'이라는 항목을 어기며 신경질적인 표정으로 문을 열어젖힌다. 그날 밤, 통나무집에 있던 물건들은 괴물로 변해 규칙을 어긴 아이를 공격하려 하고, 위험한 상황 속에서도 이안은 거짓말하지 않는다는 규칙을 지키며 책임을 누나에게 돌린다. 이안은 결국 누나를 괴물들 사이에 버려 두고 통나무집을 나오게 된다.

완벽을 추구하는 많은 양육자들은 이안에게서 자기 모습이 보인다는 이야기를 종종 전한다. 언제나 칫솔을 챙겨야 한다는 규칙에서는 이안이 '이를 닦지 못하는 상황'을 만들지 않기 위해 자기 방어하는 모습을 볼 수 있다. 숲속 집의 규칙을 멋지다고 생각하는 모습에서는 여러 원칙들이 좀 더 나은 환경을 만드는 요소라고 확신한다는 점을 읽을 수 있다. 완벽주의자 유형이 질서 속에서 스스로를 통제하는 이유는 자신이 처한 상황이나 주위 환경을 개선하고 싶은 마음 때문이다.

　H도 마찬가지였다. H는 이안이 통나무집 규칙을 멋지다고 한 말에 격하게 동의했다. '가정이 바로 서야 나라가 바로 선다'며 자기 집에도 '이는 반드시 닦고 잔다. 식사는 정해진 시간에 하며 밥을 먹는 동안 딴짓하지 않는다.' 같은 지침을 둔다고 했다. 밖에서는 '어른들에게 인사하고 친구들과 싸우지 않는다.' 등의 규칙 또한 적용하고 있었다. 그 외에도 '집에 돌아오면 신발은 꼭 신발장에 넣을 것' '옷을 바로 갈아입고 손을 씻을 것' '간식은 꼭 식탁에서 먹을 것' '다 먹은 그릇은 싱크대에 넣을 것' 등 사소한 부분까지 원칙을 세우고 있었다. H는 주변 상황을 정돈하고 모두 함께 잘 살아가기 위해 '멋진' 규칙이 더 필요하다고 힘주어 말했다.

　H의 말이 틀린 것은 아니지만 규칙을 둘 때에는 예외 상황을 인정하는 융통성도 필요하다. 하지만 H는 작은 규칙에도 예민하게 반응했고 그것이 문제를 일으킨다는 점을 인지하지 못하는 듯했다. 아이와 함께 엘리베이터를 탔을 때 일이다. 아이는 H에게 무엇인가 이야기를 하던 중이었고 그때 모르는 어른이 엘리베이터로 들어왔다. 어른들에게 인사를 건네는 일이 중요하다고 생각했던 H는 아이의 말을 끊고 인사를 하게 했다. 아이는 '먼저' 인사하지 않았다는 이유로 크게 혼이 났다. 인사를 '먼저' 건네지 않은 행동은 H의 원칙에 어긋나는 일이었던 것이다. H의 아이가 『규

칙이 있는 집』의 제니 같은 성향이었다면 H에게 크게 대들고도 남을 상황이었음을 짐작하게 했다.

양육자가 아이를 자기 틀 안에만 넣으려고 할 경우, 아직 완성되지 않은 변화무쌍한 아이에게는 이런 점들이 강요로 느껴질 수 있다. 이안이 통나무집을 혼자만 빠져나왔듯, H 또한 원칙의 틀에 갇혀서 이성을 잃을 때가 생기기 마련일 것이다.

✔ 나는 완벽주의자 유형일까?

1	모든 것이 정리되어 있어야 하고 그렇지 않을 때 짜증이 난다.	☐
2	매사에 약속을 지키며 완벽하고자 한다.	☐
3	스스로에게 엄격하며 자신의 기준으로 타인을 평가한다.	☐
4	도덕적 가치와 원칙에서 벗어나는 일은 하고 싶지 않다.	☐
5	실수하는 것을 싫어하고 남들보다 걱정이 많은 편이어서 편하게 쉬지 못한다.	☐
6	옳고 그름, 좋고 나쁨이 분명한 성향이다.	☐
7	발전하려는 욕구가 강하고 더 나아지기 위해 노력한다.	☐
8	세상이 좋아지기를 바라고 잘못된 것은 바꾸고 싶다.	☐
9	주변 사람들에게 진지하고 융통성 없다는 말을 종종 듣는다.	☐

그림책으로 살펴보는
나의 모습, 아이의 모습

■ **완벽하지 않아도 아름다운 이유**

H와 이안 같은 성향과 관련해서 "완벽주의는 가장 높은 수준의 자기 학대"* 라는 말이 있다. 지나치게 완벽을 추구할수록 자신에게 엄격하고 그 기준이 스스로를 몰아붙여 힘들게 한다는 의미이다.

  H처럼 아이에게 규칙을 혹독하게 적용할수록 아이는 양육자의 의견만 수용하고 갈등을 피하는 성향을 띨 가능성이 높다. 실수하면 안 된다는 생각을 가지고 있고, 실수를 했을 때 굉장히 괴로워하는 유형으로 성장할 수 있는 것이다. 이런 아이에게는 이야기를 들어 주며 '그래서 그랬구나~' 하고 마음을 인정해 주는 말을

---

* 미국 임상심리학자인 앤 윌슨 섀프(Anne Wilson Schaef)의 말.(『Pursuing Perfection』, Margo Maine, Joe Kelly, Zoom Books Company, 2016.)

자주 건네야 한다. 모범이 되는 부모 밑에서 일찍 철이 든 아이에게는 먼저 장난도 치고 실수를 인정하는 모습도 보여 주며 긴장을 풀도록 해야 한다. 그래야 아이가 생각의 영역을 넓히며 능동적으로 성장할 수 있을 것이다.

H에게 필요한 일은 자신에게 완벽을 강요하길 멈추는 것이다. 스스로 "괜찮아, 완벽하지 않아도 돼." "실수해도 괜찮아."라고 말해 줄 수 있어야 한다. 완벽하지 않은 자신을 인정할 수 있어야 내 아이에게도 괜찮다고 말할 수 있는 여유가 생기기 때문이다. 이 메시지를 함께 나누기 위해서 H에게 그림책 『아름다운 실수』를 보내주었다.

그림책은 이렇게 시작한다. 누군가 한 아이의 얼굴을 그린다. 하지만 실수로 두 눈의 크기가 다르게 그려졌다. 동그란 안경을 씌워 보니 괜찮게 느껴진다. 계속 그려 본다. 목을 그렸는데 너무 길게 그려졌다. 또 실수를 했다. 어떻게 하지? 당황하지 않고 장식

『아름다운 실수』
코리나 루켄 글·그림, 김세실 옮김, 나는별, 2018

을 그리니 이것도 괜찮네!

그림책에서 실수는 계속되지만 그럴수록 아이의 모습은 점점 구체적으로 바뀌며 더 나은 형태가 되어 간다. 이번엔 숲을 생각하며 동물을 그리려고 했는데…… 그림책에는 또 실수가 등장한다. 하지만 실수를 기반으로 이번에는 멋진 바위가 만들어졌다. 실수로 묻힌 잉크 얼룩들은 하늘을 나는 나뭇잎이 된다. 다시 돌아가면, 처음에 그리려고 했던 아이 모습은 어떻게 완성되었을까? 그림책에는 또 다른 아이가 나온다. 실수는 또 다른 그림을 그리는 시작이 된다.

이 그림책은 여러 시행착오 뒤에 어떤 그림이 나올지 모르는 상황을 보여 주며 독자들의 흥미와 호기심을 붙든다. 만회하는 과정을 통해 그다음 장에는 그림이 어떻게 그려져 있을지 나만의 상상력을 덧붙여 보게도 한다. 실수가 만들어 낸 그림이 아름다워지는 과정은 완벽하지 않은 모습의 부모를, 아이를, 우리를 아름답게 성장하도록 이끌 수 있음을 이야기한다.

H의 아이가 어른에게 인사를 하지 않은 것은 실수이다. 이 실수를 아이 입장에서 바라보면 어떨까? 엄마와 이야기하는 것이 더 중요해 어른에게 인사하는 일을 잊었다고 생각하면 아이의 순수한 마음이 있는 그대로 다가올 것이다.

우리는 인간으로서, 양육자로서 많은 시행착오를 겪는다. 『아

발을 공중에 붕 뜨게 그린 실수는 롤러스케이트를 추가하는 과정으로 만회할 수 있다.
ⓒ『아름다운 실수』 코리나 루켄, 2018, 나는별

름다운 실수』에서 실수가 시작이 되어 아름다운 그림이 탄생한 것처럼, 실수는 완벽함에 균열을 내는 것이 아니라 우리 삶을 나아가게 하는 바탕이 되어 주기도 한다.

    실수가 무언가의 좋은 시작이 되었듯이 H도 아이의 실수, 자신의 실수를 시작으로 받아들여야 한다. 여유를 갖자. 완벽한 부모가 아닌 좋은 부모가 되자. 역설적이게도 그것이 완벽한 부모의 모습이지 않을까? 아름다운 실수를 두려워하지 않는다면 우리 모두 충분히 좋은 부모가 될 수 있을 것이다.

마음 : 온(溫 On)
질문으로 내 마음 반짝 켜기

Q 저는 아이(7세)에게 어렸을 때부터 하면 안 되는 것과 해야 할 것들을 꾸준히 말해 주면서 여러 원칙을 만들고 지키게 했습니다. 하지만 아이의 나쁜 습관은 고쳐지지 않았고, 참다 참다 폭발해서 크게 혼낸 적이 몇 번 있습니다. 그래서일까요? 아이는 보통 아이들과 다르게 원하는 것이 있어도 고집부리지 않으며 제 말을 금방 수긍하고 항상 제 의견을 물어보고 행동합니다. 그런데 제가 아이에게 친구 관계나 일상에 관해 물어보면 자신의 생각이나 감정을 잘 표현하지 않습니다. 아이의 속을 몰라서 답답합니다.

A 자기표현의 중요성은 점점 커지고 있는데, 아이가 표현을 잘하지 못한다면 또는 안 한다면 큰 고민입니다. 아이와 함께 정한 규칙과 약속을 중시하는 완벽주의 성향의 양육자라면 아이가 어떤 생각을 하고 있는지 알아야만 한다고 느끼실 것입니다.

원칙을 중시하고 삶을 완벽하게 이끌고자 하는 양육자에게 내 아이는 아직 미성숙해 보입니다. 완벽주의 양육자에게는 그 부분이 커다란 불안으로 다가왔을 가능성도 있습니다. 불안을 상쇄하기 위해 우리는 아이에게 더더욱 규칙과 약속을 강조하기도 하지요. 원칙이 지켜지지 않았을 때 발생하는 '화'는 다른 사람들의 두세 배였을 것이고, 뜻하지 않게 감정적으로 대응했을 수도 있습니다. 아이는 부모가 어떤 부분에서 화를 내는지 알았기에 어른의 기분을 살피며 말을 잘 듣게 되었을 거고요. 뜻이 맞아서라면 좋겠지만 자신의 의사와 양육자의 의사가 달라도 단지 갈등을 겪고 싶지 않아 원하는 것을 억압하는 것일 수 있습니다.

사연을 읽으니 "아이는 내가 낳은 존재이지만 나와 독립된 존재임을 받아들이면 좋겠다"는 생각이 듭니다. '나'와 '아이'가 경험하고 느끼는 부분이 다를 것이고 그렇기에 세상을 바라보는 관점도 다를 수 있음을 인정해야 합니다. 다름을 인정하기는 쉽지 않은 일입니다. 특히 내가 낳은 아이가, 그것도 아직은 어리고 가르칠 게 많다고 생각되는 아이가 나와 다르다는 것을 인정하기는 더욱 어렵습니다. 하지만 그것을 인정해야만 양육자로서 고민하고 행동하는 모든 것이 스스로에게나 아이에게도 진정성 있게 다가오지 않을까요?

먼저, 아이가 자신의 감정을 억누르는 것은 아닌지 살펴보면 좋겠습니다. 그런 후에 지금까지와 다른 집안 분위기를 만들길 권합니다. 휴일 하루쯤은 아이가 하고 싶은 대로 하도록 두고 지켜보는 것입니다. 아마 아이는 양육자의 눈치를 보고 자신의 행동을 확인받으려 할 수도 있습니다. 그럴 때는 웃으며 '괜찮아.' '너는 어떻게 하고 싶은데?' 등의 이야기로 아이의 감정을 보듬고 읽어 주세요. 아이는 처음에 놀랄 수도 있겠지만 조금씩 자신을 살펴보겠지요. 아이가 작은 표현으로라도 자신의 감정이나 일상을 전한다면 호응과 더불어 가볍게 칭찬을 한마디 해 주세요. 이와 같은 것들도 규칙, 약속, 숙제라는 지나친 의무감을 버리고 일상 속에서 꾸준히 아이와 함께 해 주면 좋겠습니다.

Q 아이는 부모를 닮는다는 말을 떠올리며 흐트러진 모습을 보이지 않기 위해 늘 노력했습니다. 그런데 아이(15세)는 밖에서 모범생이라는 소리를 듣지만 집에서는 짜증을 자주 내 매일이 전쟁터입니다. 이중인격 같은 아이에게 배신감을 느낍니다. 아이는 왜 그런 걸까요?

A 먼저, 아이가 밖에서 사고를 친 것이 아니라 그나마 한시름 던 상태에서 고민하신다는 생각을 해 봅니다. 아이가 집에서 반항하는 행동을 보이면 많이 화가 나고 동시에 억울한 마음이 들 겁니다. 흐트러진 모습을 보이지 않기 위해 노력했다는 이야기는 완벽을 추구했다는 뜻으로도 다가옵니다. 그렇기에 아이가 밖에서 모범생이라는 말을 들을 수 있는 게 아닐까 합니다. 고생하셨습니다.

하지만 그 고생이 무색하게 아이는 부모가 사랑이라고 생각하며 한 앞선 행동들에 답답함을 느꼈을 수 있었을 듯합니다. 사춘기를 겪으며 원칙이 분명한 어른과 자신의 욕구가 부딪쳤을 것이고요. 다만 원칙을 지키고 정의를 추구하는 삶을 사는 부모의 가르침을 스스로 어느 정도 인정하고 받아들인다고 할 수 있습니다. 그로 인해 외부의 삶은 모범적으로 살아가는 것이겠죠. 아이가 그 과정에서 스스로 억눌렀던 자아를 집에서 표출하고 있는 건 아닌지, 또한 다른 이들에게는 잘못된 행동이 아닌데 양육자의 기준으로 잘못된 모습을 개선시키려 아이의 생활에 개입하는 것은 아닌지 돌아봐야 합니다. 가족의 기준은 제3자의 기준보다 높을 수 있기 때문입니다.

아이가 이중인격인 게 아니라 어쩌면 가족을 안전기지로 생각하기 때문에 자신을 오롯이 내보이는 것일 수도 있습니다. 다소 표현은 거칠더라도 솔직하고 자연스러운 아이의 감정을 부모는 도덕적 올바름이라는 잣대로 바라보며 제대로 수용해 주지 못하는 것은 아닐까요.

본인이 생각하는 완벽한 부모가 아닌 내 아이가 생각하는 완벽한 부모, 빈틈이 있는 부모의 모습을 보여 주세요. 좌충우돌 사춘기 아이에게 버거운, 경직된 분위기를 깨는 과정이 필요하다고 봅니다. 가볍게 시작할 수 있고 연주법이 비교적 자유로운 악기를 아이가 배울 수 있게 해도 좋습니다. 옳은 것이 아닌 즐거운 것을 찾아보는 것입니다. 즐거운 것을 찾을 때에도 양육자의 기준이 아니라 아이의 기준을 바탕에 둔다면 좋겠습니다. 더불어 자연 속에서 아이에게 장난도 걸고 실수하는 모습도 보이며 여유를 만끽한다면 아이도 편안하게 사회적 관계를 만들 것이고, 그 과정을 통해 달라질 수 있으리라 봅니다.

함께 해 봐요

- 구겨진 옷을 입고 있는 사람들을 볼 때 당신의 마음은 어떤가요? 집에서 다림질을 해 봅니다. 옷의 주름들이 펴질 때 나의 기분을 표현해 봅니다.
- 모든 것에 제자리가 있다고 생각하나요? 옷장 정리를 해 봅시다. 무작정 하는 것이 아니라 시간을 정해 놓고 해 봅니다. 한 번에 마음에 들게 정리가 되나요? 마음에 안 들어도 일주일 동안 그대로 두며 내 마음을 살펴봅니다.
- 다른 사람이 설거지를 도와줬을 때 내 마음에 들지 않아 다시 한 적이 있나요? 잔소리를 하진 않았는지 생각해 봅시다.

함께 읽으면 좋은 책

완벽해
맥스 아마토 글·그림, 이순영 옮김, 북극곰, 2019

지우개는 종이 위에 있는 무엇이든 깨끗하게 만들려 하고, 연필은 백지 위를 자유롭게 움직이며 낙서를 한다. 서로 다른 두 존재는 어떻게 화해하게 될까? 지우개는 자신도 연필처럼 무언가를 그릴 수 있다는 사실을 깨닫게 된다. 우리는 완벽하기보다 불완전에 가까울 때, 그리고 조금씩 다름을 인정할 때 멋진 결과를 얻을 수 있다.

어떡하지?
팽샛별 글·그림, 그림책공작소, 2017

수업을 마친 고은이는 화장실부터 찾는데 하필 청소 중이다. 육교에는 사람이 많고 신호등의 파란불은 켜질 기미가 없어 보인다. 놀이터 화장실은 공사 중. 어떡하지? 어떡하지? 표지의 노란 바닥은 고은이의 상황을 상징적으로 보여 준다. 이 그림책을 읽으며 작은 실수에도 가슴 졸이는 누군가에게 "괜찮아." 하고 말해 보자.

선 따라 걷는 아이
크리스틴 베젤 글, 알랭 코르크스 그림, 김노엘라 옮김, 꿈교출판사, 2011

상상 속에서 선 따라 걷기 놀이를 시작한 아이는 선 밖으로 벗어나면 깊은 구멍으로 떨어져 괴물을 만나게 될 거라고 생각한다. 놀이를 끝낸 아이는 집으로 돌아오고, 꿈속에서 다시 선을 따라 걷다 구멍에 빠진다! 그 구멍에는 상상처럼 괴물이 있을까? 정해진 틀 안에 사는 이들에게 선 밖에 또 다른 멋진 세상이 있음을 알려 주는 이야기이다.

에니어그램 깊이 알기

원칙을 고수하는 완벽주의자

원칙적이고 이상적이며 매사에 완벽을 추구하는 당신. 현실에 만족을 못 하여 모든 것을 개선시켜야만 한다는 책임감의 소유자이다. 주변이 질서 정연하고 잘 정리되어 있으나 자기 감정표현을 스스로 제한하기도 한다. 이러한 유형은 에니어그램 1번에 가깝다.

1번 유형은 자신에 대한 개인적인 확신을 가지고 있으며 도덕적 가치 기준이 높은 편이다. 스스로가 합리적이며 이성적인, 성숙된 사람으로 보이기를 원하기도 한다. 1번 유형이 건강한 상태라면 각각의 상황에서 자신이 무엇을 해야 할지 잘 알고 있다. 그리고 남들을 격려하며 희망을 가지고 일하는 인간적인 모습을 보여 준다. 하지만 1번 유형의 감정 상태가 건강하지 못한 방향으로 흐르면 이분법적 사고를 통해 자신만이 진리라 생각하고 타인을 신랄하게 비판하는 경우가 많다. 즐거움을 무시하며 뒤로 미루고 자신의 실수도 용납하지 않는 것이다. 이러한 유형들은 실수, 실패를 하나의 과정이라고 생각하도록 노력해야 한다. 다른 이들의 비판을 받아들이면서 한 발씩 완벽해진다는 것을 '인정'하고 '완벽하지 않음을 두려워하지 않는 자세'를 가질 필요가 있다. 타인과 맺는 관계에서 감정을 솔직하게, 조금씩 드러낸다면 좋겠다. 발전을 지향하며 노력하는 유형인 당신이기에 커다란 변화의 가능성을 기대할 수 있을 것이다.

■ 나에게 이런 말을 들려주세요

- 정해진 길에서 벗어나는 것도 매력이 있어!
- 잠깐 쉬면서 즐기는 시간도 필요해.
- 모든 것을 진지하게 바라보지 않아도 돼.
- 처음부터 완벽하지 않아도 괜찮아.
- 아이에게 믿음을 보여 주자.

배려가 넘치는 조력자형 부모

"내가 다 도와줄게"

—

이충열

조력자형 성격유형 파악하기

■ '착하다'고 일컬어지는 사람들

착한 사람은 구체적으로 어떤 성향을 띠고 있을까? 국어사전은 '착하다'는 뜻을 '언행이나 마음씨가 곱고 바르며 상냥하다.'라고 풀이한다. 특히 '상냥하다'는 말은 부드럽고 다정하며 붙임성 있는, 다시 말해 타인과 나의 관계에 무게중심을 두는 성격을 뜻한다고 볼 수 있다. 그렇다면 착한 사람이란 타인에게 마음을 쏟는 사람, 즉 '조력자'라고도 할 수 있을 것이다.

조력자 성향의 사람들 중에는 따뜻한 마음을 지닌 이들이 많다. 주변에 그 마음을 실질적으로 전달하려 애쓰고 넓게는 세상이 사랑으로 넘치기를 바라는 유형이다. 사람을 도울 때 느끼는 보람에서 행복을 찾기 때문에 남을 돕는 일에 시간과 몸을 아끼지 않는다. 이들이 누군가를 잘 보살필 수 있는 이유는 타인이 원하는 것을 말하지 않아도 알 수 있는 직관력을 가지고 있기 때문이다.

조력자 유형이 심리적으로 건강하다면, 그들은 다른 사람들이 성장하는 걸 돕고 자신의 가치도 스스로 만들어 간다. 무조건 베풀기만 하는 형태가 아니라 타인의 성장을 유도해 스스로 살아갈 수 있도록 돕는 것이다. 하지만 조력자 유형이 심리적으로 건강하지 않다면 타인에게 도움을 주려는 '강박'에 시달릴 가능성이 높다. 조력자 유형의 무의식에는 '나는 사랑받을 가치가 없는 사람이다.'라는 생각이 자리 잡고 있다. 그래서 남을 돕는 행동을 하면 사람들이 나에게 관심과 사랑을 준다 여기고 타인을 챙기는 데에 지나치게 몰두한다. 심할 경우 상대방이 자신에게 의존하도록 조종하려는 모습을 보이기도 한다.

B는 남을 돕는 일에 앞장서고 주변 사람을 살뜰히 아끼며 모임에서도 적극적으로 나서는 편이다. 사람들은 B처럼 착한 사람을 본 적이 없다고 한결같이 말한다. 그러던 어느 날 B가 잔뜩 흥분한 모습으로 찾아왔다.

"도저히 그 인간들을 용서할 수 없어요. 그동안 내가 어떻게 했는데. 고마운 줄도 모르는 이기적인 인간들은 크게 당해 봐야 해요."

온몸으로 분노를 표현하며 화를 누그러뜨리지 못하는 B는 평소와 완전히 다른 사람이었다. 주위에서 오지랖이 넓다는 소리를 듣긴 해도 B는 사람들이 자신을 찾을 때마다 스스로 중요한 사람이라는 느낌을 받았다. 주변 사람들은 물론 시가도 잘 챙기는 며느리였다. 하지만 열 살 어린 손위 동서를 위하는 시부모의 행동에 B가 서운해하자 돌아온 답이 B의 뇌관을 건드린 것이다.

"우리가 시킨 것도 아니고 네가 스스로 한 거잖니. 생색내는 것 같구나."

조력자 유형에게 자신의 존재 가치를 인정받는 일은 무척 중요하다. 자기 행복이 타인의 손에 달려 있다는 뜻이기도 하다. 조력자 유형은 다른 사람들과 맺는 관계가 매우 중요하며, 관계의 단절을 큰 불안으로 느끼기도 한다. 자신이 희생한 만큼 상대에게 격려와 지지를 받아 자기 가치를 확인하기 때문이다.

■ 타인을 향한 더듬이를 내게로!

지금까지 살펴봤듯, 조력자 유형은 건강한 마음 상태일 때에 자신과 타인에게 모두 긍정적인 영향을 주지만 건강하지 않은 상태라면 그저 타인에게 인정받기 위해 자기 감정을 억누르며 바람직하지 않은 이타심을 발휘한다. 이들은 왜 이런 성향을 보일까?

그림책 『요술 더듬이』의 주인공 개미에겐 친구들의 마음을 읽을 수 있는 특별한 더듬이가 있다. 친구의 기분이 안 좋거나 친구가 바라는 게 있으면 안테나로 금방 알 수 있다. 개미는 '릴라는 나랑만 놀아야 한다'는 친구를 위해 자리를 양보하고, 친구의 인형을 고쳐 준다. 모두가 행복하기 위해 자신이 더 노력해야 한다고 생각한다. 하지만 친구들의 속마음을 알면 알수록 어떻게 해야 친구들이 행복할지 갈피를 잡지 못하게 되고…… 고민할수록 더듬이는 계속 자라난다. 더듬이가 자라 무거워질수록 친구들의 마음이 더 많이 들리고 결국 개미는 더듬이에 파묻혀 어둠 속에 갇히게 된다.

개미는 조력자 유형의 모습을 잘 보여 주는 캐릭터다. 조력자들의 마음속에는 타인의 욕구를 감지하는 안테나가 있어 상대의 감정에 기민하게 반응한다. 하지만 정작 자신이 원하는 걸 잘 털어놓지 못한다. 내가 원하는 걸 앞세우면, 이기적이라고 비난받지 않을까 하는 걱정 혹은 스스로 이기적이라고 여기는 마음 때문이다.

어둠 속에서 한참을 울던 개미는 자신이 열심히 했는데도 왜

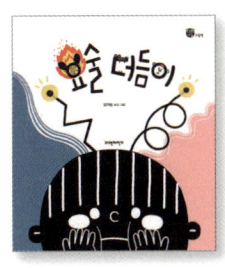

『요술 더듬이』
김기린 글·그림, 파란자전거, 2020

어둠 속에서 진정한 자기 자신을 만난 개미.
ⓒ 『요술 더듬이』, 김기린, 파란자전거, 2020

상황이 이렇게 됐는지 생각한다. 그러다 작은 기척을 느끼게 되는데, 그것은 어둠 속을 찾아온 작은 빛, 바로 또 다른 개미, 자신이었다. 개미가 자기 자신을 힘껏 끌어안는 장면은 우리가 정말 중요하게 생각해야 할 존재가 누구인지 이야기해 준다. 그 존재, 나의 더듬이가 진정으로 향해야 할 곳은 바로 '나 자신'이다.

    조력자 유형의 마음이 건강해지려면 더듬이의 균형을 잘 맞춰야 한다. 극단적으로 타인에게 기울어져 있는 안테나를 자기 내면으로 돌리고, 자신의 욕구와 마음에도 귀를 기울여야 하는 것이다. 시가 관계를 통해 자신을 돌아보게 된 B가 그동안 정작 자신을 위한 일은 하지 않았음을 깨닫게 된 것처럼, 조력자 유형은 더듬이의 방향을 돌려 자기 자신을 성찰해 봐야 한다.

스스로 소중히 여기지 않는 사람을 타인이 사랑하기는 어려운 일이다. 결국 나를 먼저 살피고 나의 가치를 스스로 만들어야 진정한 행복을 찾을 수 있는 것. 이것이 조력자 유형이 놓치지 말아야 하는 메시지다.

✔ 나는 조력자 유형일까?

1	나는 다른 사람에게 도움이 될 때 기분이 좋아진다.	☐
2	나에게 의지하고 기대는 사람들이 많은 것 같다.	☐
3	다른 사람에게 부탁하기가 어렵다.	☐
4	상대와 나의 친밀감이 기준에 미치지 못하면 인정받지 못한 느낌이 들어 우울해진다.	☐
5	나는 주변 사람들의 삶의 모습에 지나치게 많은 신경을 쓰고 있다.	☐
6	형식적인 대화를 하는 자리는 피하려는 경향이 강하다.	☐
7	사람들이 나와 함께 있을 때 편안하기를 바란다.	☐
8	사람들 사이의 관계를 중요하게 생각하고 사람들과 교감하는 데에서 즐거움을 느낀다.	☐
9	다른 사람을 챙기느라 나의 감정을 살피지 못해 지칠 때가 있다.	☐

그림책으로 살펴보는
나의 모습, 아이의 모습

■ **사랑이 넘쳐서 탈이다**

"내가 해 달라고 한 것도 아니잖아요."

수업을 하던 도중, 아이가 갑자기 울음을 터뜨리며 억울하다는 듯 이야기를 시작했다. 수행평가 제출을 하루 넘겼는데 아이 입장에서는 '엄마가 챙긴 줄 알았다'는 것이다. 그 말이 엄마인 C의 화약고를 건드리게 되었다. 평소 온화한 엄마가 자신을 향해 분노를 쏟아 내자 아이는 어쩔 줄 몰라 했다.

C는 조력자 유형으로, 가족 시스템 안에서 돌보고, 보살피고, 도움을 주는 역할에 몰두하는 경향이 있었다. 타인의 생각과 마음을 잘 알아차리는 안테나를 가지고 있으니 아이의 마음도 잘 어루만져 주었던 것이다. 애정 어린 표현, 따뜻한 칭찬, 스킨십을 아끼지 않는 이들의 성향은 아이와 정서 교감을 수월하게 하는 원동력

이 되었다. 하지만 조력자 유형의 양육 딜레마는, 타인에게 자기 존재를 인정받고 싶어 하듯 돌봄을 통해 자신의 존재 가치를 확인하려는 데 있다. 넘치는 사랑과 자상함은 아이에게 안정감을 주지만, 도와주는 일에 지나치게 집중하려는 경향은 아이가 독립성을 기르는 데 어려움으로 작용했다. 지나친 돌봄이 오히려 자율성과 책임감을 해치는 요인이 된 것이다.

"아직도 일일이 확인하지 않으면 늘 걱정되고 불안해요."

상담을 할 때마다 C는 늘 같은 말을 반복했다. 아이의 사소한 것까지 확인해야 직성이 풀리는 C를 '스스로 할 기회를 주라'는 우회적 표현으로 다독여 보기도 했지만 쉽지 않았다. 이럴 때 권하는 그림책이 한 권 있다. 『손님이 찾아왔어요』다.

어느 작은 섬에 언니와 동생이 살고 있다. 달팽이가 딸기를 망치고 마시는 차가 떨어지기도 하지만 두 자매는 크게 불편한 것 없이 늘 평화로운 나날을 보낸다. 하지만 사촌 한스가 찾아오며 일상에 균열이 가기 시작한다. 한스는 고장 난 수도꼭지, 거실 전

『손님이 찾아왔어요』
소냐 보가예바 글·그림, 임정은 옮김,
시공주니어, 2008

등을 손보고 자매의 아침까지 챙긴다.

"내가 다 도와줄게, 나한테 다 맡겨."

이 책을 읽은 많은 조력자 유형 부모가 한스의 모습에서 자기 자신을 발견한다. 더 유심히 보기 바라는 부분은 바로 자매의 모습이다. 이야기 초반, 자매는 한스의 보살핌에 고마움을 느끼지만 상황이 계속될수록 견디기 힘들어하고 병까지 난다. 한스의 보살핌에 자매의 동의는 없다. 오히려 한스는 자매를 위한 일이라며 그들의 기준이 아니라 자기 기준에 맞춰 공간을 바꾸고 간섭하며 통제하려 한다. 하고 싶은 걸 할 수 없으니 자매가 병이 나는 건 당연한 일이다. 아이들도 마찬가지다.

조력자 유형 부모는 사랑스러운 아이가 성장 과정에서 실패로 인해 힘들어하는 모습을 지켜보기 어려워하는 경우가 많다. 이 마음이 커지면 자칫 간섭과 통제로 발전할 수 있다. '내가 하라는 대로만 하면 괜찮아.' '이미 준비 다 해 놨어.' '너에게 맞는' '너를 위해' 등의 말은 아이가 스스로 해 볼 기회를 빼앗는다. 부모의 말에 순응해야 하는 환경이 아이의 자기 효능감*을 떨어뜨리는 것이

---

* 건강히 자란 아이들일수록 부모에게서 떨어져 세상을 탐험할 수 있는 용기를 얻고, 자기주장을 할 수 있는 독립적인 성격이 된다. 아이가 부모 도움 없이 스스로 해 보겠다는 건 나는 할 수 있다는 자기 확신이 생긴 것을 말하고, 이를 '자기 효능감'이라고 한다. 다시 말해 자기 효능감은, 어떤 일을 할 때 내가 해낼 수 있다는 판단과 믿음을 말한다.

다. 이 환경이 계속되면 조력자 유형 부모의 아이들은 양육자의 건강하지 못한 방식에 옴짝달싹 못 한다. 부모의 행동이 자신을 향한 사랑에서 시작했다는 걸 알고 있어서다. 한스의 행동이 자신들을 위한 것임을 알기에 싫다고 말하지 못한 자매의 경우와 같다. 자신을 위해 노력하는 사람에게 '좀 심한 거 같으니 그만해 줘.'라고 말하기는 어려운 일이다. 그래서 아이들은 애정이 가득한 부모를 사랑하면서도 그 사랑에 버거워 떨어져 있고 싶은 마음이 생기는 것이다.

■ 물고기를 잡아 주는 부모에서 잡는 법을 알려 주는 부모로

한스가 떠나고 난 후 자매는 자기들만의 방식으로 삶을 채워 가며 행복하게 살아간다. 아이들도 그렇다. 부모가 남겨 준 빈자리를 채우며 어른이 되어 간다. 낚싯대를 아이 손에 쥐어 주었을 때 아이는 물고기를 낚는 자신만의 방법을 찾고 그 안에서 삶을 풍요롭게 채울 수 있다.

조력자 유형 부모가 긍정적인 방향으로 발전하면 물고기를 잡아 주는 부모에서 물고기 잡는 법을 알려 주는 부모가 된다. 가장 중요한 점은 '내가 챙기지 않아서 아이와 멀어지면 어떡하지?' 하는 불안감도 의연하게 넘기는 것이다. 스스로 하지 않는 아이가 불안해 꾸지람을 하면서도 결국 불안함을 이기지 못하고 직접 나서는 부모는 자녀양육에서 가장 중요한 '일관성'을 확보하지 못한다고 봐야 한다. 애틋한 마음이 강한 조력자 유형은 자신도 모르게 아이 옆에서 몸을 움직이고 있는 경우가 많은 것이다.

 '직접적인 돌봄' 역할에서 한 발 물러서 보자. 부모는 실패를 '차단'하는 사람이 아니라 아이가 실패를 겪을 때 다시 힘을 낼 수 있도록 재충전의 장소가 되어 주는 사람이다. 아이를 일으켜 세워 줄 때와 아이가 스스로 일어날 때를 구별한다면 아이는 부모의 격려와 믿음 속에서 스스로 해낼 수 있다는 자기 확신, 책임감과 독립성을 기를 수 있다. 여기에 더해 아이에게 집중하느라 소홀히 여겼던 나를 돌아보는 일도 중요하다. 내면에서 억눌러 왔던 욕구와 목소리에 귀를 기울이고 방치되었던 자신을 회복하는 일에 집중하자. 내가 건강할수록 아이와 나의 관계도 건강해질 수 있다. 조력자형 부모에게 가장 필요한 것은 세상으로 나가는 아이를 믿고 보내줄 수 있는 마음이 아닐까.

마음 : 온(溫 On)
질문으로 내 마음 반짝 켜기

Q 아이가 유치원 때부터 놀았던 친구하고만 놀려고 해요. 새로운 친구를 사귀기 위해 자리도 만들어 봤지만, 관심이 없네요. 다양한 아이들과 어울렸으면 좋겠는데 어떡하면 좋을까요?

A 많은 부모가 아이의 교우관계에 관해 고민이 많겠지만 조력자형 부모는 특히 민감하게 반응합니다. 왜냐하면 아이가 많은 사람과 교류하며 그 안에서 사랑과 인정을 받아야 한다고 생각하기 때문입니다. 이는 앞에서 언급한 조력자 유형의 무의식과 관련이 있습니다. 관계를 통해 자신의 가치를 확인하려는 성향이 있어 관계의 기반이 단단하지 않다면 자신을 무가치한 사람으로 여기는 것이지요. 그래서 아이의 교우관계가 넓지 않으면 불안함을 느낍니다. 더불어 아이가 친구를 사귀는 일에 관심이 없으면 '아이에게 문제가 있는 것이 아닌가?'라고 걱정하게 됩니다.

아이들은 대체로 친구와 어울리는 걸 좋아하지만 모두 그렇지는 않으며, 성향에 따라 한두 명의 친구와 깊은 관계를 이어 가는 경우도 있습니다. 그런데 조력자형 부모는 성향상 이런 모습을 이해하기 어려워합니다. 아이가 문제가 없어도 혹시나 하는 마음으로 전전긍긍하며 무엇이든 해 주려고 애씁니다. 그리고 아이가 노력만큼 따라 주지 않으면 실망하고 분노를 느끼게 됩니다. 이럴 때 하던 것을 잠시 멈추고 다음의 두 가지를 생각해 보세요.

● **첫 번째: 아이가 교우관계와 관련해 어떤 스트레스를 받고 있나요?**

교우관계 스트레스 상황 예시
- 친구들과 어울리고 싶은데 제대로 어울리지 못해 고민하는지
- 친구를 따르느라 자신이 하고 싶은 일을 못 하거나 하기 싫은 일을 하는지
- 단짝 친구에게 새로운 친구가 생겨 친구를 빼앗길 것 같아 불안해하는지

● **두 번째: 만일 아이에게 스트레스 상황이 없다면 부모가 자신의 신념 때문에 아이의 교우관계를 왜곡해서 보고 있지 않은지 점검해 봅니다.**

- 1단계 : 아이의 교우관계와 관련된 과거의 사건을 생각합니다.
- 2단계 : 사건에 대해 어떤 행동을 취했는지 떠올립니다.
- 3단계 : 어떤 이유로 그런 행동을 했는지 적습니다.
- 4단계 : 생각 속에 담긴 신념을 정리하며 '~을 해야 한다.'라는 당

위적인 부분을 수정 보완해 갑니다.

지금 아이를 위해 하는 일이 정말 아이가 원하는 것인가요? 때로는 기다림도 좋은 방법입니다. 아이에게 뭘 먼저 해 주기보다 아이가 SOS를 쳤을 때 도와주어도 늦지 않습니다. 아이의 성향을 인정하고 믿고 바라봐 주세요. 그렇게 했을 때 아이의 세상도 관계도 더 넓어질 수 있습니다.

Q 아이가 자기주장이 좀 강해요. 자기주장을 내세우다가 이기적으로 보이면 어떡하죠? 아이가 친구들에게 배려하고 양보하는 사려 깊은 아이가 되었으면 좋겠어요.

A 조력자형 부모는 자신의 욕구를 우선하는 걸 비윤리적으로 생각하는 경향이 있습니다. 그래서 아이가 자기주장을 강하게 내세우는 걸 부정적으로 바라보곤 합니다. 자연스럽게 배려와 양보를 강조하게 되지요. 모두 좋은 미덕이지만 지금 아이가 보이는 행동이 이기적인지 정당한 요구인지 먼저 살펴볼 필요가 있습니다.

아이의 행동 때문에 주변 사람들이 힘들어한다면 이기적으로 볼 수 있겠지만 그렇지 않다면 아이는 오히려 건강한 자기 주관을 가지고 있다고 할 수 있습니다. 자신이 들어줄 수 있는 부탁과 들어줄 수 없는 부탁을 구분하고 의사 표현을 명확히 하는 것은 자존감 높은 아이들의 특징입니다. 자신이 하기 싫음에도 친구의 의견을 무조건 들어준다면 자존감이 낮다고 할 수 있겠지요. 그럼 아직 주관을 확립하지 못한 아이가 자기 기준을 제대로 인식하고 있는지 함께 점검해 볼까요?

아이가 부탁을 들어주는 기준을 함께 적어 보고 그 기준이 다른 친구들도 받아들일 수 있는 내용인지 이야기합니다. 받아들이기 어려운 이유는 함께 수정합니다.

양보와 배려가 필요한 순간을 나열해 보고 그 이유, 자신이 배려했을 때와 배려하지 않았을 때 어떤 결과가 나올지 함께 생각해 봅니다.

마음이 건강한 사람일수록 부탁을 들어줄 줄 알고 부탁을 할 줄도 압니다. 한쪽으로 기울어지는 것은 건강하다고 볼 수 없습니다. 자칫 지나치게 양보와 배려를 강요하다 자신을 소중히 여기는 것을 간과하게 될 수 있으니까요.

다른 사람을 배려하고 양보하는 것이 행복인 사람도 있지만 때로는 자신의 주장을 펼치고 이루어 가는 과정에서 행복을 느끼는 사람도 있습니다. 이때 그 사람이 나쁜 게 아니라 서로 행복의 가치관이 다를 뿐이라는 것을 생각해야 합니다. 또한 배려와 양보에는 남을 위한 마음만 있는 것이 아니라 자신의 위한 마음도 있어야 합니다. 자신이 행복하지 않다면 그건 진정한 미덕이라고 볼 수 없습니다. 양보와 배려를 우선하기보다 아이에게 거절의 말을 예쁘게 할 수 있는 방법을 알려 주면 어떨까요? 남도 행복해야 하지만 나도 행복해야 진정으로 건강한 관계가 이뤄진다는 점을 기억해 주세요.

나와 아이의 마음 상태 살펴보기

1. 하트 모양 포스트잇을 준비합니다. 지금 떠오르는 감정과 욕구를 적어 봅니다.
2. 부정적 단어와 긍정적 단어를 통해 현재의 마음 상태를 알 수 있습니다.
3. 왜 이런 마음이 드는지 아이와 함께 얘기해 봅니다. 언제 그 마음이 들었는지 얘기 나눠 봐도 좋습니다.
4. 대화가 끝났다면 색깔이 다른 하트 포스트잇을 준비하고 어떤 느낌을 받고 싶은지 적어 봅니다. 왜 그 느낌을 받고 싶은지 이야기해 보고 어떻게 하면 변화할 수 있는지 구체적인 방법을 생각해 봅니다.
5. 변화의 방법을 엄마와 아이 각각 하나씩 선택해 예쁘게 적어서 게시판에 붙여 봅니다. (여기서 아이에게 실천할 수 있는 확률을 물어보고 90% 이상인 걸 정합니다.)
6. 얼마 동안 실천할지 정해 두고 같이 예쁜 카페에서 차를 한 잔 마셔 보는 것은 어떨까요? 만일 실천이 안 되었다면 다시 시작하면 됩니다. 안 된다고 짜증 내는 것은 금지! 실천하지 못한 이유를 찾고 방법을 수정하는 것이 더 좋아요.

함께 읽으면 좋은 책

적당한 거리
전소영 글·그림, 달그림, 2019

'나'와 '너' 사이에는 얼마만큼의 거리가 있어야 적당할까? 식물을 키우는 과정에서 '적당한 거리'를 고민하게 된다. 어떤 식물은 물이 풍부해야 하고, 어떤 식물은 물이 넘치면 뿌리가 무른다. 식물을 키우며 할 수 있는 일은 서두르지 않고, 기다리고 이해하며 '도와주는' 것. 아이를 위해 지나치게 노력하고 있는 엄마에게 건강한 양육의 모습을 보여 준다.

우리는 언제나 다시 만나
윤여림 글, 안녕달 그림, 스콜라, 2017

처음으로 가족과 떨어져 친구들과 하룻밤 자고 나온 아이를 기다리는 시간, 엄마는 아이와 함께했던 기억을 되짚어 본다. 화장실만 가도, 음식물쓰레기만 버리러 갔다 와도 문 앞에서 울던 시기가 있었지만, 아이는 엄마와 떨어져 있어도 다시 만난다는 걸 알게 된다. 부모의 품을 벗어나는 건 끝이 아니라 새로운 관계의 시작임을 알 수 있다.

주머니 밖으로 폴짝!
데이비드 에즈라 스테인 글·그림, 고정아 옮김, 시공주니어, 2017

아기 캥거루는 엄마 캥거루의 주머니 속에 있다가 밖으로 나와 세상을 만난다. 하지만 세상은 깜짝 놀랄 만한 것투성이. 주머니 안으로 돌아온 아이는 여전히 바깥 세상이 궁금하다. 엄마 캥거루의 모습을 통해 정서적 재충전 장소인 부모의 모습을 엿볼 수 있다.

에니어그램 깊이 알기

배려와 이해가 넘치는 조력자

조력자 유형은 에니어그램 2번에 해당하며 따뜻하고 정이 많아 사람들과 어울리기를 좋아한다. 타인에게 도움이 되고 싶어 하고 진짜 도움이 되는 사람이다. 가족과 친구, 사람들 관계 속에서 느낄 수 있는 사랑과 친밀함을 통해 삶의 기쁨을 얻고, 그 일에 많은 관심과 에너지를 쏟는다. 기본적으로 타인에게 사랑받고 싶은 욕구가 자리 잡고 있어 자칫 상대방에게 강박적으로 잘하려는 면모가 나타나기도 한다.

2번 유형이 그 과정을 반복하게 된다면 정신적으로도 육체적으로도 자신을 소진하게 되고 번아웃에 다다를 수도 있다. 스트레스를 감당하지 못하는 상태가 되면, 타인이 자신의 노력과 수고를 인정해 주지 않을 때 화나고 서운한 마음을 건강하지 않은 방식으로 표출하기도 한다. 그렇기 때문에 조력자 유형에게는 스스로를 잃어버리지 않을 수 있는 적절한 영역을 설정하는 일이 중요하다.

조력자 유형은 다른 사람을 위해 좋은 일을 하고 싶은 욕구가 있어서 아이에게 따뜻하고 다정한 마음으로 다가갈 수 있다. 다른 사람들의 장점을 발견하고 그 점을 북돋을 수 있도록 격려하기 때문에 아이에게 긍정적인 영향을 줄 수 있다. 자기 감정의 균형을 잘 찾아간다면 부모-아이 관계도 안정적으로 꾸릴 수 있을 것이다.

■ 나에게 이런 말을 들려주세요

- 나도 다른 사람들만큼 중요하고 소중한 존재야.
- 누군가의 도움이 필요하면 얼마든지 이야기해도 돼.
- 타인에게 도움이 되어야만 내 가치가 증명되는 건 아니야.
- 아이의 일을 일일이 들여다보지 않아도 괜찮아.
- 나만의 시간이 필요하다고 말해 보자.

"내가 다 도와줄게"

목표를 향해 가는 성취자형 부모

"아이가 많은 것을 이뤘으면 좋겠어요"

장소현

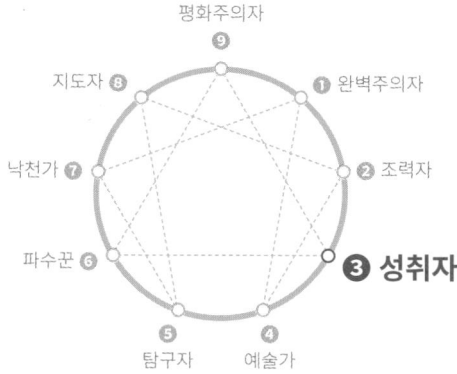

성취자형 성격유형 파악하기

■ 모든 것을 척척 해내고 싶어요

큰아이가 초등학교에 입학하면서 아이의 같은 반 친구 부모인 J를 알게 되었다. J로 인해 엄마들 모임이 생겼고 아이들과도 자주 어울렸다. J는 모임 날짜를 정할 때마다 앞장서서 계획과 연락을 담당했고 자연스럽게 리더가 되었다. 그 덕분에 우리는 아이들을 데리고 워터파크, 삼림욕장, 스키장을 방문하고 뮤지컬을 관람하는 등 다양한 경험을 할 수 있었다.

J는 육아에 있어서도 장기 계획을 세우고 있었다. 자녀의 하버드 입학이 목표라며 캠퍼스 투어도 예정하는 등 여러모로 포부가 남달랐다. 자기 일과 자녀 양육을 완벽하게 소화하는 그녀는 주변 부모들에게 모든 것을 성공적으로 해내는 '만능 에이스'로 인정을 받았다. 이처럼 모든 일을 능숙하게 척척 진행하며 많은 것을 이루고자 노력하는 이들을 '성취자' 유형이라고 부를 수 있다.

성취자 유형의 가장 큰 특징은 자신의 삶이 성공적이길 원한다는 점이다. 그래서 일 처리도 빠르고 원하는 것들을 효율적으로 척척 해내려 한다. 이들이 어깨에 짊어진 '에너자이저 건전지' 덕분이다.

이들은 그 건전지의 수명이 다하길 바라지 않는다. 자신이 가치 없는 존재가 되는 것에 두려움이 있기 때문이다. 그렇다 보니 주변에서 자신을 어떻게 평가하는지 중요하게 생각하고 거부당하거나 열등한 사람이 되는 것을 피하고 싶어 한다. 자녀를 키울 때도 남보다 열심히 공부를 시키며 아이가 누구보다도 뛰어난 사람이 되길 바라는 것이다.

■ 성취자 유형의 강점과 약점

성취자 유형의 사람들은 아이의 능력을 끌어내며 자녀와 협력하여 적극적인 도움을 준다. J와 비슷한 면모를 지닌 이들에게는 말랑말랑하고 따뜻한 가슴형 성향이 자리 잡고 있다. 누구보다도 아이의 마음에 잘 공감할 수 있으며 눈빛만 봐도 아이가 뭘 원하는지 알 수 있는 부모다. 자녀가 실패하고 좌절하는 순간이 오면, 마음속 건전지를 돌려 아이가 재충전할 수 있도록 건강한 양육 환경을 제공한다. 아이는 그 단단한 에너지 속에서 오뚝이처럼 다시 일어설 수 있다는 믿음을 회복하며 회복탄력성을 키울 수 있다.

그러나 건전지가 방전되어 성취자 유형이 건강한 본성을 잃어버리면 에너지가 부족하여 양육의 즐거움을 놓칠 수 있다. 목표를 중요하게 생각하기 때문에 아이를 돌보는 일 이외에도 해야 할 일이 많은데, 이러한 상황에서 아이들이 말을 잘 듣지 않으면 소리를 지르거나 짜증을 내는 경우도 종종 생긴다.

때로는 자신이 계획했던 대로 자녀가 행동하지 않을 때 그 모든 일을 자신의 부족함과 실패로 연결하는 경우가 잦다. 자녀를 인내하지 못하고 비난하게 되며 스트레스 지수는 더 높아진다. 자신이 능력 없는 사람처럼 보이는 것이 두려운 이들은 그렇게 방전된 건전지 상태를 감내한다. 이들이 체감하는 스트레스 지수가 다른 유형에 비해 높게 나타나는 이유가 여기에 있다.

그림책 『슈퍼 거북』은 우리가 아는 우화 「토끼와 거북이」의 뒷이야기로 시작한다. 토끼의 코를 납작하게 만든 거북이, 꾸물이는

『슈퍼 거북』
유설화 글·그림, 책읽는곰, 2014

고된 하루를 보낸 꾸물이는 지쳐 잠들기 일쑤이다.
ⓒ『슈퍼 거북』, 유설화, 2014, 책읽는곰

어떻게 됐을까? 꾸물이는 '슈퍼 거북'이라는 별명을 얻고 톱스타처럼 주변의 관심을 온몸에 받으며 성공의 아이콘으로 거듭난다.

도시에는 슈퍼 거북 열풍이 불기 시작한다. 방송 출연은 물론이고 등껍질 굿즈(브랜드나 연예인 관련 기획 상품)가 만들어지더니 너 나 할 것 없이 거북이 등딱지를 지고 다닌다. 거북을 주인공으로 한 영화가 개봉되고, 가게마다 '거북'이 들어간 간판이 내걸리고, 심지어는 슈퍼 거북 동상까지 세워진다.

기대에 부응하기 위해 꾸물이는 마음을 단단히 먹는다. 이웃들이 자신의 진짜 모습을 알고 실망할까 봐, 성공한 거북이 이미지를 지키기 위해 진짜 '슈퍼 거북'이 되기로 마음먹는다.

꾸물이는 가장 먼저 도서관으로 달려가 빨라지는 방법을 다룬 책을 모조리 찾아 읽고, 책에 실린 내용을 낱낱이 실천에 옮긴다. 비가 오나 눈이 오나 바람이 부나 하루도 빠짐없이, 해가 뜰 때부터 달이 질 때까지……. 꾸물이의 어깨에 짊어진 건전지는 방전된 지 오래다. 자기 욕구를 억누르며 다른 사람들이 원하는 대로 산 꾸물이는 하나도 행복하지 않았다.

✅ 나는 성취자 유형일까?

1	일을 할 때 추진력이 있고 효율적으로 잘 해낸다.	☐
2	사람들에게 의지하기보다 스스로 일을 처리한다.	☐
3	감정을 절제할 줄 알고 쉽게 흥분하지 않는다.	☐
4	다른 사람들에게 능력을 인정받기 위해 열심히 일한다.	☐
5	자발적으로 목표를 정해 적극적으로 추진하는 성격이라고 스스로 생각한다.	☐
6	나의 가치를 인정받고 타인에게 존경받는 것을 중요하게 여긴다.	☐
7	어떤 상황에서도 잘 적응하는 능력이 있다..	☐
8	일의 과정보다 결과를 더 중요하게 여긴다.	☐
9	다른 사람들에게 경쟁적이고 계산적이라는 말을 종종 듣는다.	☐

그림책으로 살펴보는
나의 모습, 아이의 모습

■ **우리의 감정 상자는 닫혀 있을까? 열려 있을까?**

어느 날은 J가 단원평가에서 2개를 틀려 온 아이에게 "왜 알고 있는 것을 틀렸어, 너는 속상하지도 않니?"라고 잔소리를 했다고 한다. J는 아이가 친구들과 성적 경쟁에서 한 번 뒤처지면 앞으로도 계속 따라가지 못할 것 같은 불안을 느끼고 있었다. 아이의 성취가 원하는 기준에 미치지 못하면 자신이 아이를 잘 못 키우는 엄마처럼 보이는 게 싫다고 했다.

이런 상황에 빈번하게 노출된 아이는 자신이 무언가 이루어 내지 못했거나 누군가에게 졌을 때, 자신을 재능과 능력이 없는 무가치한 사람으로 평가하는 경향이 있다. 이것이 아이의 내면에 수치심이나 열등감으로 자리를 잡으면 과도한 경쟁심을 갖거나 무슨 수를 써서라도 원하는 것을 얻으려고 하는 상황이 생기기도 한다. J가 정신이 번쩍 든 순간은 아이가 자기 감정을 터트릴 때였다.

"엄마는 왜 내가 속상해할 시간까지 빼앗는 거야? 엄마가 너무 슬퍼하니까 내가 속상해할 수가 없잖아!"

그 순간, J는 "넌 잘해야 한다."는 메시지를 아이에게 대물림하고 있는 자신을 보았다고 했다. 자신도 누군가의 기대를 채우기 버거웠던 시기가 있었다고.

성취자 유형이 경쟁에 몰두하는 이유는 물론 자신이 원해서이기도 하지만 다른 사람보다 스스로가 가치 없다고 여겨지게 될까 봐서이기도 하다. J는 자신의 실수를 인정하고 성장 과정에서 결핍되었던 마음을 수용하면서 아이를 다그치는 일이 줄어들게 되었다. 건강한 자기 개방이 그녀 안에 보석처럼 자리를 잡은 감정 상자를 활짝 열고 자신도, 아이도 있는 그대로 바라보게 해 준 것이다.

■ **일상에 '빈틈' 허용하기**

성취자 유형 사람들에게는 나와 타인을 있는 그대로 바라보고 인정하려는 마음도 중요하지만 방전된 건전지를 충전하는 일 또한 중요하다. 자신의 몸보다 무거운 '건전지'만 잔뜩 짊어진 채 살아

『게으를 때 보이는 세상』
우르술라 팔루신스카 글·그림, 이지원 옮김, 비룡소, 2018

왔다면 그 일상에 '빈틈'을 허용할 때다.

그림책 『게으를 때 보이는 세상』은 위를 올려다보는 사람들과 그들의 시선을 반복적으로 구성하고 있는 독특한 그림책이다. 자연 속에 한가롭게 누워 있는 사람들. 그 시선 끝에는 우리가 잊어버리고 살았던 많은 것들이 걸려 있다. 그림책은 올려다보는 풍경 속 나무와 새들, 밀짚모자의 구멍 사이로 보이는 태양, 누워 있는 아기의 시선에 포착된 거미 등을 담고 있다. 어딘가 익숙하지만 우리가 돌아보지 못하고 살았던 풍경이 아닌가?

한 정신과 전문의는 "최상주의자일수록 일찍 지친다."[*]며 늘 일등만 고집하는 사람들이 놓치고 있는 것을 단호하게 이야기했다. 완벽을 지나치게 추구한다면 현재의 행복을 담보로 잡게 되

---

[*] 『엄마의 빈틈이 아이를 키운다』(하지현 지음, 푸른숲, 2014)

고, 마음의 건전지가 빠르게 방전된다는 의미일 것이다. 아이의 일정표와 양육자의 일정표를 '해야 할 일'로만 백퍼센트 채우지는 않았는지 점검해 봐야 한다. 아무리 바빠도 일정표의 20%는 숨 돌릴 공간으로 남겨두어야 함을 잊지 말자.**

앞에서 함께 읽었던 그림책 『슈퍼 거북』으로 돌아가 보자. 꾸물이는 토끼의 재도전장을 받고 다시 경주에 참가한다. 경주가 끝나도 결과에 연연하지 않는다. 오랜만에 푹 잠든 모습인 꾸물이는 잠결에도 입가에 미소를 띠고 있어 그 어느 때보다 편안하고 행복해 보인다. 마지막 장면은 성취 지향적인 이들에게 중요한 메시지가 되어 준다. 빛나는 성취를 이루는 일도 중요하지만, 그보다 더 중요한 것은 승패가 어떻든 나의 오늘을 아끼고 사랑해 주는 일이다. 마음을 들여다보고 자신이 어떤 상황인지 파악하여 회복하는 과정을 가진다면 우리 안에 있는 건전지는 수명이 오래갈 것이고, 당신은 누구보다도 행복할 수 있을 것이다.

** 「나를 지키는 힘, '일정의 빈틈'」(김재원, 『정신의학신문』, 2021.11)

마음 : 온(溫 On)
질문으로 내 마음 반짝 켜기

Q 제 아이는 춤도 잘 추고 그림 실력도 좋고, 또래와 비교하면 운동신경도 뛰어납니다. 열정적인 아이로 키우고 싶은데 아이가 버거워하는 게 느껴집니다. 어떻게 하면 좋을까요?

A 당신은 아이가 가진 재능을 잘 알아보는 탁월한 안목을 가진 사람입니다. 당신 안에 있는 성취 지향적인 에너지가 자녀에게 동기를 부여하고 많은 것을 해내도록 이끌어 줍니다. 아이가 잘 따라와 준다면 부모도 아이도 기운이 나지만, 아이가 버거워한다면 부모의 기대감이 아이를 지치게 할 수 있습니다.

"이 일을 해내다니!" "너는 훌륭한 아이야." "너는 잘할 수 있어."라는 말은 성취가형 부모에겐 멋진 이야기이지만 아이에게는 부담감이 될 수 있죠.

"그것 말고 이거 해 보자." "이걸 더 잘할 수 있을 거야."라는 말도 위험합니다. 부모 주도로 이것저것 경험하게 하면 아이에게 꿈을 주입시키는 역효과를 줄 수 있지요.

부모가 원하는 속도와 아이가 성장하는 속도는 차이가 있습니다. 자녀에게 기대하는 부분이 있다면 부모의 일방적인 기대인지, 정말 자녀가 원하는 기대인지 진솔한 대화를 나누어 보세요. 당장 그 결과가 보이지 않더라도 아이가 자기 인생의 큰 그림을 그려 볼 수 있도록 기다려 주는 태도가 필요합니다. 부모가 아이의 시선에 눈 맞추고 따라가다 보면 아이는 스스로 성취감을 느끼면서 성장할 것입니다.

Q 학교 운영에 참여하던 중 요즘 아이가 버릇없게 행동하고 친구들과 갈등이 있다는 말을 들었는데 담임 선생님과 엄마들에게 제가 어떻게 보일까 걱정입니다. 마음이 너무 불편하고 아이를 보면 화가 올라옵니다. 어떻게 하면 좋을까요?

A 자녀가 주위에서 멋진 아이, 예의가 바른 아이로 인정받고 자란다면 부모에겐 정말 행복한 일입니다. 특히 교사에게 '아이가 잘하고 있다.'라는 말을 듣는 일은 모든 부모가 바라는 것이죠. 열심히 학교생활을 지원하는 마음과 다르게 아이가 부정적인 말을 들으면 부모는 속상한 마음이 들고 상처를 받기도 합니다.

성취자 유형은 다른 사람에게 성공한 사람이라는 이미지를 심어 주고 싶어 하죠. 그래서 자녀교육에서도 성공한 부모로 기억되려는 마음이 큰 부분을 차지합니다. 보이는 이미지가 중요한 성취가형 부모는 자신과 자녀를 동일시하는 경향이 높습니다. 아이를 향한 주변의 평가가 나와 직접적으로 연결되어 있어 아이가 지적을 받으면 마치 자신이 아이를 제대로 키우지 못해 지적받은 것이라고 받아들일 수 있습니다.

하지만 아이가 버릇없는 행동을 할 때, 창피해서 아이를 나무라는 일에만 급급해서는 안 됩니다. 성취형 부모는 이미지 관리를 위해 주위에 감정을 잘 드러내지 않는 편인데, 이렇게 쌓아 온 감정이 아이에게 화풀이로 이어질 수 있기 때문이죠. 아이의 행동 때문에 화가 난 것인지, 주변에서 아이를 나쁜 아이로 평가하는 게 두려운 것인지 생각해 보세요. 그 후에 부모가 염려하는 마음을 전하면 서로 간에 진솔한 대화의 통로가 열릴 겁니다.

- 당신에게 성공적인 양육이란 어떤 것인지 생각해 보세요.
- 당신이 자녀를 양육하는 속도는 어느 정도인가요? 만약, 지금 목표를 향해 달려가는 속도를 조금 늦춘다면 당신의 삶은 어떨지 상상해 보세요.
- 다른 사람과 자녀를 비교할 때 올라오는 불안을 어떻게 다룰 수 있을까요? 나만의 해법을 생각해 봅시다.
- 자신을 몰아세우는 순간은 언제인지 떠올려 봅시다.
- 당신은 언제 자신에게 휴식을 주나요? 당신이 휴식하는 방법은 무엇인가요?

함께 읽으면 좋은 책

슈퍼 토끼
유설화 글·그림, 책읽는곰, 2020

『슈퍼 거북』과 짝을 이루는 그림책으로 거북이 '꾸물이'와 벌인 달리기 시합에서 패배한 토끼 '재빨라' 이야기이다. 크게 상처받은 재빨라는 다시는 실패를 맛보지 않기 위해 달리기를 그만두기로 결심한다. 하지만 재빨라에게는 넓은 들판을 마음껏 달리고 싶은 마음이 있다. 자신의 부족함이나 실수를 인정하지 못할 때, 실패를 딛고 일어서는 법을 알려 주는 이야기이다.

조금 부족해도 괜찮아
베아트리체 알레마냐 글·그림, 길미향 옮김, 현북스, 2014

내가 가진 단점 역시 나 자신을 이루는 소중한 개성임을 알고 긍정적인 면모를 발휘하도록 안내하는 책. '어딘가 하나씩 부족한' 다섯 친구에게 어느 날 '완벽한' 친구가 찾아온다. 완벽한 친구는 다섯 친구를 쓸모없는 존재처럼 대하고, 친구들 사이에는 갈등이 생긴다. 다섯 친구들은 완벽하지 않아도 괜찮다는 사실을 어떻게 알게 될까?

여기보다 어딘가
거스 고든 글·그림, 김서정 옮김, 그림책공작소, 2017

다른 새들이 남쪽과 북쪽으로 날아가거나 버스를 타거나 어디론가 떠날 때 조지는 항상 머무르는 쪽을 택했다. 케이크도 만들어야 하고, 요가 수업도 받아야 하고 눈코 뜰 새 없이 바쁘다. 조지에게는 깜짝 비밀이 숨어 있는데…… 조지는 정신없는 일상을 뒤로 하고 어디론가 떠날 수 있을까?

에니어그램 깊이 알기

최고를 지향하는 성취자

성취자 유형은 에니어그램 3번에 속하며, 자신을 계발하는 데에 힘쓰고 능력을 바람직한 방향으로 잘 사용하는 편이다. 이들은 다른 사람들을 격려해서 그들 스스로가 생각하는 것보다 훨씬 더 많은 능력을 끌어낼 수 있도록 돕는다. 기본적으로 '나는 능력이 있다'는 이미지를 가지고 있어서 삶의 많은 영역에서 성취를 이루고, 여러 일도 효율적으로 해결하는 모습을 보인다.

하지만 성취하는 데에만 많은 노력을 쏟으면서 감정을 억누르는 경우도 많다. 특히, '성공한 나' '1위에 오른 나'라는 이미지만 좇다 보면 '내가 무엇을 원하는지' 자신의 진정한 내면을 들여다보는 일과 점점 동떨어지게 된다. 자신이 무언가 이루지 못하면 주위에 '가치 없는 사람'으로 비춰질까 봐 두려워하고, 그 두려움은 불안과 스트레스로 이어진다.

그럴 때는 자신에게 꼭 휴식을 선물해야 함을 잊지 말자. 자신만 주인공이 되어야 한다고 생각하는 대신 다른 사람과 함께 빛날 수 있는 일을 찾는 것도 도움이 된다. 타인을 도우며 경쟁 대신 격려를 하는 과정에서 자기 자신의 성향도 건강하게 발휘할 수 있을 것이다. 아이를 대할 때에는 이것을 명심하자. 성공했느냐, 그러지 못했느냐 하는 것은 외부의 기준이다. 타인에게 어떻게 보이는지가 모든 것을 결정하지는 않는다. 좀 더 너그럽고 여유 있는 마음으로 아이와 나의 내면과 마주해 보자.

■ **나에게 이런 말을 들려주세요**

- 내 감정도 성취만큼이나 중요해.
- 존재만으로도 인정받고 사랑받을 수 있어.
- 아이에게는 쉬는 시간, 도움닫기하는 시간도 유용할 거야.
- 나는 타인에 의해 규정될 수 있는 존재가 아니야.
- 승패가 어떻든 우리는 우리를 사랑할 의무가 있어.

"아이가 많은 것을 이뤘으면 좋겠어요"

개성을 중시하는 예술가형 부모

"우리 아이가 특별했으면 좋겠어요"

조중선

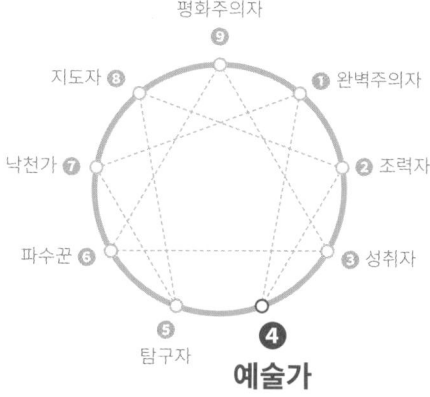

예술가형 성격유형 파악하기

■ **우리에게 예술가가 필요한 이유**

그림책의 고전이라고 불리는 레오 리오니의 걸작 『프레드릭』의 주인공은 한마디로 예술가 유형이라 할 수 있다. 먹을거리를 모으느라 열심인 들쥐 사이에서 유일하게 몽상을 즐기는 들쥐 '프레드릭'이다.

겨울을 대비해 식량을 이고 지고 나르는 들쥐들 사이에서 프레드릭은 눈을 감고 생각에 잠겨 있다. 동그마니 앉아 풀을 바라보기도 하고 꾸벅꾸벅 조는 듯 보이기도 한다. 이런 모습 때문에 프레드릭은 다른 가족에게 '별종'으로 비춰진다. 하지만 그 별종 들쥐는 춥고 어두운 잿빛 겨울에 대비해 햇살, 색깔, 이야깃거리를 모으는 중이었다. 다른 이들에게 '보이는' 부분에 신경쓰기보다 자신의 내면 깊은 곳까지 몰입하는 모습은 예술가 유형의 건강한 면모라고 할 수 있다. 이 과정에서 나오는 통찰과 직관은 개성과 창조성을 불러일으킨다.

드디어 겨울이 오고, 들쥐 가족은 넉넉한 먹이를 먹으며 행복한 나날을 보낸다. 하지만 식량이 다 떨어지고 보금자리에는 찬 바람이 분다. 그때 들쥐들은 프레드릭이 모은다고 했던 것들이 생각난다. 프레드릭은 햇살과 색깔을 느꼈을 때의 감각을 되살려 들쥐 가족의 겨울을 따뜻함과 아름다운 색으로 채워 준다. 들쥐 가족은 프레드릭이 모은 '이야기'도 들려 달라고 한다. 프레드릭은 계절에 관한 짧은 시를 들려주고, 들쥐들은 박수를 치며 감탄한다. 예술가 유형이 창조성을 발휘하는 장면이라고 할 수 있다.

프레드릭은 자신의 내면을 돌아보는 동안 다른 들쥐들에게 '왜 일을 안 하냐?'는 의심을 받기도 했다. '나도 일하고 있어.'라는 프레드릭의 대답은 자기 감성, 자기가 추구하는 것에 확신을 품고 스스로의 길을 개척해 나가는 건강한 태도를 보여 준다. 부정적인 감정에 얽매이지 않고 보다 긍정적이고 건설적인 태도로 자신의

『프레드릭』
레오 리오니 글·그림, 최순희 옮김, 시공주니어, 2013

내면이라는 바다에 몰입하는 것이다. 건강한 상태에 있는 예술가 유형은 그 바다에서 창조성을 낚아 올리고, 다른 사람들에게 더 가까이 다가가 나눔으로써 소통해 나가는 데 사용한다.

■ 자기 세계가 확실한 사람들

기다리던 영화가 개봉했다. 독서동아리에서 다루었던 책이 영화로 나온 것이다. 회원들은 모두 기대에 들떠 있었다. 오랜만에 바깥바람도 쐬고 영화도 보고 맛있는 점심을 먹으며 토론을 할 생각에 며칠 전부터 채팅방이 술렁인다. 드디어 영화를 보기로 한 날 아침. 모두들 준비를 마치고 출발했다는 메시지가 줄줄이 뜬다. 그런데 이상하게 U는 연락이 없다. 분명 어제까지만 해도 궁금하다며 기대를 표현했는데 말이다. 영화 시간이 다 되어서야 전화를 받은 U는 대뜸 말했다.

"미안…… 나가려고 보니 하늘도 흐리고 기분이 영 내키지가 않는 게 오늘은 그냥 집에 있어야 할 것 같아."

하지만 U는 영화가 끝난 후 점심시간에 맞춰 모임에 나왔다. 반가운 마음도 잠시, 정해 놓은 식사 메뉴가 있는데도 즉흥적으로 본인이 원하는 메뉴를 권하는 U 때문에 몇몇 회원들은 당혹스러워했다. 적극적으로 주장하지는 않지만 자신의 의견을 은근슬쩍

던지는 특유의 화법도 여전하다.

U도 프레드릭처럼 예술가 성향이라고 할 수 있다. 남과 다른 자신의 모습, 즉 특별함과 정체성을 중요하게 생각하는 유형이다. 나는 어디서 왔고, 누구이며 어디로 가고 있는가? 끊임없이 질문하며 자기 자신의 정체성을 찾고 싶어 한다. 이 욕구에 한번 빠져 버리면 일상적으로 이루어져야 하는 일들이나 계획했던 일들도 뒷전으로 밀려난다. 오로지 내면에 충실하며 주변을 돌보지 않고 자기 기분과 감정만 우선순위에 두는 것이다.

예술가 유형은 다른 유형보다 몰입 능력이 두드러지는 편이다. 자기 내면에서 일어나는 일들(감정 상태)을 매우 민감하게 들여다보고 표현도 잘 한다. 감정을 통해 자아를 인식하는 체계의 소유자라고 할 수 있다. 이는 창조성을 끌어낸다는 긍정적 측면이 있는 반면 자기 감정에만 몰입하거나 상대를 배제한 몰입으로 흘러갈 때 문제가 되기도 한다. 하루 전까지만 해도 호의적으로 반응한 일들을 그날의 기분에 따라 뒤집거나 취소하는 행동도 자기 감정에 있는 그대로, 두려움 없이 반응하기 때문에 가능한 것이다. 독서동아리 회원들 중에 U를 매우 변덕스러운 사람으로 평가하는 사람이 많은 이유가 여기에 있다.

예술가 유형이 건강하지 않은 상태라면 부정적인 감정에 매몰되어 만성적 무기력에 빠질 수 있다. 가족이나 친구에게 여러 날

동안 말을 하지 않거나 누군가와 함께 하는 일들을 피하고 자신만의 공간에서 고립되려고 한다. 마음을 닫아 버리고 혼자 감정이 폭발하게 두기도 하는데 이 과정이 지속되면 우울증으로 치닫기도 한다.

자신이 다른 사람과 기본적으로 다르다는 생각을 하는 이 유형은 개인주의가 강한 성향으로 비칠 수도 있다. 이들은 자기 내면의 어두운 부분도 깊이 통찰할 줄 알고, 그 고통을 인정하고 수용할 마음의 준비가 되어 있으며 누구보다도 내면에 집중하는 시간이 많이 필요하다. 그러나 이들이 무조건 독립적으로 혼자 있기를 즐기는 것은 아니다. 이들은 자신의 속내를 알아 주고 인정해 주는 누군가와 깊이 관계 맺기를 원한다. 이것이 충족되지 않으면 상처받거나 절망감에 빠지기 쉽다.

예술가 유형이 건강하지 않은 상태에서 걸어 나오려면 감정이 '유동적인' 존재임을 알아차려야 한다. 감정은 고정된 것이 아니며, 나에게 왔다 가는 손님 같은 것이다. 그 자체를 나와 동일시해 버리는 순간 거기에 매몰되고 만다. 감정은 나의 상태를 알려 주고 삶에 대한 통찰을 주는 소중한 것이지만 감정에 지나치게 휘둘리지 않도록 경계하고 한걸음 떨어져 상황을 바라보려는 시도가 있어야 한다. 자신을 둘러싼 환경을 객관적으로 바라보면서 가족, 친구와 '더불어 사는 관계'의 중요성을 되새기는 것이다.

그림책으로 살펴보는
나의 모습, 아이의 모습

■ **혼자만의 시간이 필요한 이들의 고충**

U의 일곱 살 아들은 조용하고 성격이 순한 편이다. U는 아이와 함께했던 시간을 떠올리며 아이가 '크게 힘들게 하는 것이 없었다'고 회상한다. 예술가 유형의 부모는 자녀가 유치원이나 학교에만 잘 다녀와도 그 자체에 감사함을 느끼고 자녀를 지지해 주는 다정함을 지녔다. 자녀의 개성과 독특함을 존중하기 때문에 허용하고 인정하는 범위도 넓은 편이다. 그렇기에 예술가 유형 부모의 자녀는 흔히 이야기하는 '자유로운 영혼'으로 자라는 편이며 자신을 표현함에 있어 거리낌이 없는 창의적인 인재가 될 가능성이 높다.

하지만 U에게도 양육 스트레스가 있었으니, 가족과 함께하는 시간이 좋은데 동시에 가족과 떨어져 있고 싶어 하는 이중적인 마음 때문이었다. 아무리 가까운 사이라 할지라도 자신을 이해할 수 없다고 생각하는 이 유형에게서 종종 보이는 특징이다. 가족이라면 함께 시간을 보내야 한다고 생각하면서도 막상 마음을 먹는 순간 갑자기 혼자만의 시간을 채워야 할 것 같아서 결국은 스스로 떨어져 나온다는 것이다. 배우자와 아이가 함께 시간을 보내는 동안 자신은 책을 쌓아 놓고 읽거나 뜨개질을 하는 등 자신만의 방법으로 몰입을 한다고.

"그런데, 그 순하던 애가 한 달 전부터 사소한 일에도 짜증을 내고 화를 내고 그러더니 유치원에도 가지 않겠다며 아침마다 울음 바다에 전쟁이야. 툭하면 배 아프다 머리 아프다 그러고 말이야. 나도 좀처럼 의욕이 나지 않아서 힘들어 죽겠는데 애까지 저러고 있으니 속이 말이 아니야."

U의 자녀는 자신의 감정을 스스로 알고 컨트롤하기에 역부족인 어린아이다. 부모가 섬세하게 감정을 읽어 주고 대안을 제시해 주는 코칭과 모델링이 필요하다. 이야기를 들어 보니 U의 아이는 U가 자신만의 시간을 고집하고 경계를 그어 버리는 통에 외로워진 나머지 감정을 짜증이나 화로 분출시키고 있는 듯했다. 그나마 아이가 순한 성향이기에 지금까지 잘 지내 줬겠지만 인지능력이 점점 발달하고 자아가 성장하면서 자신이 느끼는 외로움과 불편함을 부정적 방법으로 표현하는 일이 늘게 된 것이다.

누구보다 혼자만의 시간이 필요한 예술가 유형에게는 타인은 나를 이해하지 못한다는 생각이 있다. 나는 남들과 다르다는, 평범함을 회피하는 경향이 있는데 아무리 가족이라 해도 자신을 모른다는 생각에 빠지면 답답함을 느끼고 혼자 시간을 보내게 된다. 양육자가 자기 감정에만 몰두하면 자녀는 부모가 자신을 사랑하지 않는다고 잘못 해석할 가능성이 크다. 스스로 모든 것을 헤쳐 나가는 과정에서 외로움을 느낄 수도 있는 것이다.

양육의 주체로서 이런저런 고민을 하는 U에게 그림책 『나의 구석』을 추천해 주었다.

■ 소통과 공감의 창문을 만들어 볼까?

까마귀 한 마리가 아무것도 없는 어느 한 구석을 발견한다. 까마귀는 구석을 가만히 바라보다가 다음에는 앉아서 생각을 하다가 '자신만의 구석'을 꾸미고 채우기 시작한다. 페이지를 넘기면 침대와 책장 등의 가구가 들여져 있고, 또 페이지를 넘기면 포근한 카펫과 화분 하나가 들여져 있다. 뭐가 더 필요할까? 고민하던 까마귀는 텅 빈 벽에서 허전함을 느꼈는지 벽화를 그려 넣기 시작한다. 따뜻한 느낌이 물씬 풍기는 옅은 노란색의 그림은 작은 점으로 시작되었다가 점점 더 크고 다양한 무늬를 보이며 구석의 벽을 채운다. 벽화에 매우 열중하는 까마귀는 그림 그리기를 무척 즐기

『나의 구석』

조오 글·그림, 웅진주니어, 2020

고 있는 듯 보인다. 나만의 공간에서 그림을 통해 자신을 표현하며 꽤 멋스러운 시간을 보내고 있는 것이다.

까마귀는 그렇게 자기 키의 10배는 족히 되어 보이는 벽을 모두 채우지만 허전함은 여전히 어찌할 수가 없다. 고민하던 까마귀는 벽을 뚫고 창을 하나 낸다. 창을 통해 들어온 햇살은 식물을 아주 잘 자라게 해 주고 삶에도 편안하고 따듯한 온기를 불어넣어 준다. 마지막 장면에서는 창을 활짝 열고 밖에 있는 다른 친구와 인사를 한다. 닫혀 있던 공간에 창을 내고, 그 창을 통해 세상과 소통하게 되면서 까마귀의 공간은 더할 나위 없이 특별한 구석이 된 것이다.

U는 그림책을 다 읽고 나더니 눈가가 촉촉해졌다.

"나를 채워야 아이를 챙길 수 있다고 생각했는데, 내가 나만의 시간을 보낼 동안 우리 아이는 외롭고 쓸쓸했을 것 같아."

그림책에 등장하는 까마귀가 마음껏 꾸밀 수 있는 자기만의 '구석'을 얻은 것처럼 U 또한 자기 시간과 공간을 확보하는 일이 중요했다. 까마귀가 그 구석을 좋아하는 것들로 아름답고 특별하게 채웠다면, U는 좋아하는 책을 읽고 뜨개질을 하며 자신의 구석을 특별하게 채우고 있었다.

하지만 까마귀에게 그곳이 결국 바깥과 단절된 공간이었듯 많은 예술가 유형이 자기만의 세계에 집중하다가 공동체에서 겉돌기도 한다. 자녀를 양육할 때에는 아이의 관심사에 귀 기울이지 않고 자신이 느끼는 감정과 자기 시간만을 확보하려 하다가 자녀를 방치하게 되고, 외롭게 만드는 실수를 하는 경우도 있다.

아이는 태어날 때 혼자서는 아무것도 하지 못하는 취약한 존재로 세상에 나온다. 믿을 것이라고는 자신을 돌봐주는 양육자뿐이다. 그런 자녀와 눈을 맞추고 소통할 '창'을 내는 것은 어쩌면 당연한 이치인지도 모르겠다. 자기만의 특별한 구석을 꾸미고 채웠지만 허전함을 느꼈던 까마귀가 창을 내고 햇살과 친구를 만났듯, 우리도 가족과 친구가 있는 곳으로 창을 내 보는 것이다. 구석에 틀어박혀 널뛰는 감정을 혼자 감당하려 하지 말고 내가 느끼는 바를 말하는 연습, 상대방의 생각을 분명하게 물어보는 연습을 해 보자. 예술가 유형이 지닌 특유의 직관력, 고상함, 다정함을 바탕으로 이 창을 통해 정서적 교감을 나눌 수 있을 것이다.

마음 : 온(溫 On)
질문으로 내 마음 반짝 켜기

Q 중학교 1학년 아이를 둔 엄마입니다. 아이에게 특별한 취미와 고상한 문화생활을 누리게 해 준다고 생각하는데, 왜 따라 주지 않는지 속상해요.

A 부모 대부분은 자신만의 방법으로 자녀를 양육하려고 합니다. 하지만 양육에 있어 가장 중요한 존재는 바로 '아이'라는 것을 기억하세요. 좋은 것을 주고 싶고 문화생활을 누리게 하고 싶은 마음은 당연할 수 있지만 받아들이는 아이 입장에서 정말 그것을 원하는지, 다양한 경험을 좋아하고 있는지, 부모의 노력과 권유에 못 이겨 어쩔 수 없이 따르고 있는 건 아닌지 점검해 볼 필요가 있습니다. 아무리 좋은 것이라도 원하지 않는 것을 계속 받기만 하는 것은 누구에게도 편치 않은 일일 것입니다. 자녀가 진짜 좋아하는 것을 찾아주려는 노력을 보일 때 서로가 함께 만족하는 문화생활을 할 수 있습니다.

부모와 자녀가 함께 대차대조표를 만들고 대화해 보는 방법을 추천합니다. 종이를 반으로 접어 나눈 뒤 한쪽에는 부모와 자녀가 각각 좋아하는 문화생활과 취미를 1순위부터 5순위까지 적어 봅니다. 다른 한쪽에는 '이것만은 정말 하기 싫다'는 취미생활이나 문화생활이 있다면 3가지를 적어 봅니다. 좋아하는 목록에서 공통된 것이 있으면 그것을 1순위로 올립니다. 싫어하는 목록에서 공통된 것이나 각각 1순위로 생각하는 것은 뺍니다. 서로 다른 것이 있다면 차선책을 찾아 조율해 봅시다.

Q 아이가 친구들이 하는 건 다 따라 하려고 하고 친구가 입는 옷, 가방, 심지어 책까지 따라 읽으려고 합니다. 초등학교 4학년인데, 도무지 자기 소신도 없고 개성도 없는 것 같아 걱정이에요.

A 지금은 외적 매력과 또래 사이의 인기도 등에 관심이 생기는 연령입니다. 또래집단 안에서 공유할 수 있는 유사성을 친구 선택의 주요 요인으로 꼽는 시기인 셈이지요. 친구 사이의 정서적 지지가 중요하고, 친구와 같은 것을 공유하려는 마음이 큰 것도 당연히 겪게 되는 일이라 할 수 있습니다. 아동기-청소년기로 넘어가는 과도기에서 자연스럽게 거치고 지나가야 할 과정이므로 크게 걱정할 문제는 아닙니다. 하지만 부모의 시선에서 그것이 불편하게 느껴진다면 아이의 어떤 행동이 나를 불편하게 하는지 객관적으로 관찰해 보세요. 그런 아이의 모습이 나에게 어떤 기분을

불러일으키는지도 떠올려 보세요. 내가 진정 아이에게 원하는 것은 무엇인지 나의 욕구에도 집중해 봅시다. 정리가 되면 아이에게 솔직한 마음을 표현하며 부탁해 봅시다. '너만의 것'이 없는 것 같아 걱정이 된다고, 남과 똑같지 않아도 괜찮다고 다정하게 말하고 아이의 이야기도 들어 주세요. 다른 스타일을 모방하며 자기만의 스타일이 생길 수도 있으니 그 시간을 묵묵히 기다려 주는 것도 도움이 됩니다.

Q 사춘기인 딸에게 "엄마는 공주병이 있다"는 얘기를 들었어요. 딸이 왜 그렇게 생각하는지, 뭘 고쳐야 하는지 알고 싶은데 아이와 이야기하기 전에 제가 스스로를 돌아보고 싶어요.

A 먼저, 엄마의 '공주병'을 참기 힘든 건지, 자식인 나에게 엄마가 관심을 주지 않아 속상한 건지 살펴볼 필요가 있습니다. 무엇이 아이에게 더 큰 작용을 하고 있는지 따져 보세요. 또, 엄마 스스로 공주병처럼 보일 수 있는 행동은 어떤 것인지 관찰해 보세요. 최대한 자신의 감정은 빼고 객관적인 입장에서 행동만 보는 연습을 해 보세요. 엄마의 행동도 관찰하고 자신의 마음이 무엇인지 살펴보았다면 엄마의 느낌과 생각을 아이에게 솔직하게 표현하고 아이가 원하는 것이 무엇인지 들어 보세요.

딸이 그런 이야기를 했다는 것은 '나에게 관심을 줘.'라는 표현일 수 있습니다. 부모의 관심을 받지 못한다는 것은 충분히 속상하고 힘든 이유가 될 수 있어요. 일주일에 한 번이든 2주에 한 번이든 아이와 시간을 정해 특별한 시간을 보내면 어떨까요? 카페에서 차를 마시며 이야기를 나누어도 좋고 도서관에서 그림책을 함께 읽거나 만화책 등을 보며 아이에게 집중해 보는 겁니다. 아이와 엄마가 함께 공유하는 시간이 쌓여 간다면 서로를 잘 이해하고 수용하는 편안한 관계에 가까워질 수 있을 것입니다.

- 배우자나 자녀에게 관심을 받고 싶을 때 주로 사용하는 방법이 무엇인지 생각해보세요.
- 자신의 정체성(나는 ☐☐☐다)을 생각할 때 떠오르는 것을 문장으로 써 보세요. 15~20개 정도로 최대한 많이 써 보는 것이 좋습니다.
- 메모지 5장을 준비하세요. 나에게 정말 중요하게 생각되는 물건, 사람, 가치 등을 생각해 보고 5가지를 골라 각 메모지에 1가지씩 적어 보세요.(예: 건강 / 가족 / 책 / 함께 나누는 시간 / 핸드폰)
하나씩 천천히 살펴본 후 더 중요한 3가지를 남기고 나머지 2가지는 바닥에 버립니다.(메모지를 구기거나 찢어도 좋습니다.) 남은 3가지 중 또 하나를 골라내고 버립니다. 마지막으로 나에게 가장 중요한 가치라고 생각되는 것을 남기고 버립니다.

※ 마지막 활동을 통해 내가 가장 우선순위로 생각하는 것은 무엇이며 가치 있다고 여기는 것은 무엇인지 알아볼 수 있습니다. 또 중요하게 생각했던 것을 버리는 연습을 통해 '진짜 소중한 것'을 되새기는 경험을 할 수 있습니다. 가족과 둘러앉아 함께 해 보거나 아이와 둘씩 짝지어 해 보길 권합니다.

함께 읽으면 좋은 책

빨강 - 크레용의 이야기
마이클 홀 글·그림, 김하늬 옮김, 봄봄, 2017

제목과 표지의 대비가 강렬한 첫인상을 남긴다. 제목은 '빨강'인데 표지의 반을 채우고 있는 색은 바로 '파랑'. 게다가 파랑 크레용에는 빨간 이름표까지 붙어 있다. 빨강 크레용은 이름도 옷도 모두 빨강인데 왜 붉은색을 칠하지 못할까? 딸기를 그리지 못하는 빨강. 다른 크레용들은 빨강을 두고 한마디씩 던진다. 우리 삶은 어쩌면 나의 정체성, 아이의 정체성을 찾는 긴 여행이 아닐까?

아마도 너라면
코비 야마다 글·가브리엘라 버루시 그림, 이진경 옮김,
상상의 힘, 2020

우리 아이라면 불가능해 보이는 일도 가뿐하게 해낼 수 있지 않을까? 지금껏 본 적 없는 걸 만들 수 있고, 사람들이 날마다 아름다운 것을 보도록 도울 수도 있고, 힘찬 응원의 박수를 받을 수도 있다. 자신과 아이를 특별한 존재로 여기는 예술가 유형 부모에게 응원의 메시지를 전달하는 그림책이다.

에니어그램 깊이 알기

특별함을 추구하는 예술가

예술가 유형은 에니어그램 4번에 속하는 사람들로, '특별함을 추구하는 로맨티스트'라 할 수 있다. 이들은 내 아이가 다른 사람과 비교해 남달라야 한다는 생각에 빠질 수 있는데, 이는 자녀가 또래들과 어울리는 데에 방해가 되기도 한다.

아이에게 '특별함'이라는 프레임을 씌우면 아이는 무언가 다른 것을 보여 줘야 한다는 생각에 휩싸이기 쉽다. 아이의 성장과 변화를 막는 등 건강하지 않은 영향을 주게 되는 것이다. 이럴 때 4유형은 비판적이고 완벽주의인 성향을 보인다. 잊지 말아야 할 것은 자신도 아이도 지나치게 비판하거나 몰아세우지 않아야 한다는 점이다. 자신의 성향을 건강한 방향으로 발휘한다면 4번 유형은 나와 아이의 마음을 깊이 통찰하며 의미 있는 연결고리를 찾을 수 있다. 예술가 유형은 자기 감정에 충실하기 때문에 내면에 있는 고통과 외로움, 자기 연민 같은 감정을 잘 인식하는 편이다. 이 혼란을 효과적으로 다루기 위해 타인의 인정과 지지를 원하기도 한다. 그래서 이들에게는 모든 사람에게는 자신의 문제가 있고, 결국 내 감정의 주인은 나라는 사실을 알아차리는 과정이 무엇보다 중요하다. 자기 감정을 용감하게 마주하며 있는 그대로 되짚어 본다면 깊은 통찰, 창조성을 길어 올리며 건강한 방향으로 나아갈 수 있을 것이다.

■ **나에게 이런 말을 들려주세요**

- 아이의 관심사를 들여다보며 눈을 맞추자.
- 살아 있다는 그 자체로도 우린 이미 특별해.
- 아이가 개성을 쌓아 가도록 기다려 주자.
- 우리는 그 자체로 아름답고 사랑스러운 존재야.
- 삶을 가꿔 오느라 애 많이 썼어.

배움을 좋아하는 탐구자형 부모

"육아서를 봐도 봐도 끝이 없어요"

이충열

탐구자형 성격유형 파악하기

■ **배우고 배워도 늘 지식이 고픈 사람들**

"제가 무능력한 사람 같아요."

N은 상당히 지쳐 있는 모습이었다.

"당신처럼 열정적으로 배우는 사람을 본 적이 없는데, 왜 무능력하다고 해요?"

"배우면 뭘 하나요? 쓸 줄도 모르는데, 돈만 축냈죠."

N이 이런 생각을 하게 된 것은 주위의 직설적인 평가 때문이었다.

"시간 투자, 돈 투자, 도대체 공부는 왜 해. 자격증은 왜 따? 쓰지도 않고 쌓아 두면 그저 비싼 쓰레기야."

충격적인 표현이었지만 N은 아무 말도 할 수 없었다. 그 순간 집 안 가득 쌓인 책들과 수많은 자격증은 가치를 잃어버린 듯 보였고, 자신 역시 쓸모없게 느껴졌다.

N은 세상의 모든 것을 알고 싶어 하는 '탐구자 유형'이다. 탐구자 유형은 지식 축적을 중요하게 여기고 주로 책을 배움의 창구로 생각한다. 이들이 앎에 매진하는 이유는 자신이 쓸모없고 무능력한 사람이 될지도 모른다는 불안 때문이다. 이들은 지식을 통해 무의식에 내재된 불안을 잠재운다. 그래서 지혜, 지식, 이해를 높이 평가하고 이를 추구하기 위해 노력한다.

탐구자 유형은 지식을 습득하는 데 몰입도가 높고 다양한 분야에 관심을 둔다. 폭넓은 식견, 깊이 있는 통찰력을 발휘하며 객관적이고, 사물을 냉철하게 관찰한다는 성향도 큰 장점이다.

탐구자 유형의 마음이 건강할 때는 다른 사람의 말을 경청하고 사려 깊은 모습을 보인다. 재치 있는 말과 행동으로 좋은 인간관계를 맺을 가능성이 높다. 조직이나 단체에서 문제가 생겼을 때 문제 해결에 망설이지 않고 행동하며 자신뿐만 아니라 주변 사람들도 좋은 방향으로 이끌어 가는 지혜로운 리더가 되기도 한다.

탐구자 유형이 건강하지 못할 때에는 자신만의 세계에 갇혀 사람들과 거리를 두고 스스로를 고립시킨다. 다른 사람의 식견이나 의견을 인정하지 않으며 지나치게 이성을 강조해 감정을 드러내길 기피하는 경향도 있다. 한편 지식은 열심히 쌓지만 실천하지는 못해 망설이는 경우가 빈번하고, 배움의 결과물을 실천적으로 활용하는 데 어려움을 겪기도 한다.

■ 책을 통해 세상을 배우는 사람들

탐구자 유형을 잘 보여 주는 인물이 있다. 그림책 『도서관』에 나오는 주인공 '엘리자베스 브라운'이다.

책 표지에는 책에 몰입하느라 길이 안 보이는 상태에서 걸어가는 엘리자베스 브라운이 그려져 있다. 그 뒤로 보이는 것은 수레에 잔뜩 실린 책들이다. 그렇다. 엘리자베스는 오로지 '책'만 읽는다. 인형놀이와 스케이트도 즐기지 않는다. 기숙학교에 들어가게 되자 트렁크 안에 책만 가득 챙기고 또래 친구들이 데이트와 파티에 열광할 때도 밤새 책만 읽는다.

엘리자베스의 시선은 늘 책에 고정되어 있다. 그 어떤 사람과도 시선을 맞추지 않는다. 책으로 가득 찬 방에 단 한 권도 더는 들일 수 없다는 사실을 알게 되고 나서야 엘리자베스의 시선은 주위

『도서관』
사라 스튜어트 글, 데이비드 스몰 그림, 지혜연 옮김,
시공주니어, 1998

엘리자베스의 방.
ⓒ『도서관』, 데이비드 스몰, 사라 스튜어트, 1998, 시공주니어

로 향한다. 높게 쌓인 책 속에 홀로 앉아 있는 자신의 모습을 인식하게 되는 것이다.

N 또한 엘리자베스처럼 배움에 몰두하느라 주변을 보지 못했다. 지식의 세계에서 충만함을 느꼈지만 종종 가족에게 '소외감 느낄 때가 있다'는 말을 들었다고 한다. 책이 가득 쌓인 장면을 보며 N은 물었다.

"이 많은 책은 주인공에게 무엇을 남겼을까요?"

자신이 책에 파묻혀 지냈다는 사실을 인정한 엘리자베스는 곧바로 전 재산, 책과 집을 마을에 헌납한다. 그녀의 집은 엘리자베스 브라운 도서관이 된다.

"내가 해 온 것들도 이렇게 의미가 있을까요?"

N이 책을 덮으며 다시 물었을 때 필자가 한 말은 '당연하죠' 였다.

■ 마음속 사자를 깨우는 일

'사람은 누구나 마음속에 사자 한 마리를 키우고 있다. 하지만 사자를 키우는 것보다 깨우는 게 더 중요하다.'라는 이야기가 있다. N과 같은 탐구자 유형에게 사자를 키우는 일은 쉽지만, 사자를 깨우는 일은 어려운 일이다.

탐구자 유형에게 '사자를 깨우는' 일은 아는 것을 직접 실천하거나 그것을 바탕으로 효용 있는 활동을 하는 걸 의미한다. 책에서 얻는 지식뿐만 아니라 '경험'을 통해 깨닫는 '지혜'를 중요하게 여기고 타인과 적극적으로 관계 맺는 일을 상징하기도 한다. 하지만 N은 사자를 배불리기만 했을 뿐, 배운 것을 나누거나 그것을 펼치는 활동을 하지 않았다.

탐구자 유형이 이런 모습을 보이는 이유는 '나는 부족해.'라는 올무가 마음속에 있기 때문이다. 올무에서 벗어난 탐구자 유형은 혼자만의 세상에서 벗어나 함께 행동하는 사람이 된다. 자신의 행동에 확신이 넘치며 주변 사람들까지 변화시킬 수 있게 되는 것이다.

올무를 벗어던질 수 있는 힘은 바로 타인과 나의 '소통'이다. 다양한 사람과 함께 살아가는 세상에서, 소통을 이뤄 나가는 과정은 자신이 보지 못했던 부분을 알아차리게 해 준다. 또한 다른 사람의 위로와 응원은 큰 에너지가 된다. 인생의 길을 혼자 걸어갈 때보다 함께 걸어갈 때 더 힘이 나는 이유다.

이야기의 결말에서 나이 지긋한 엘리자베스가 친구와 함께 살며 여전히 책에 몰두해 있는 장면은 올무를 벗어 버린 탐구자 유형의 모습이라 할 수 있다. 누군가와 함께할 때 행복의 순간은 더욱 늘어난다. 자기 바깥의 세계와 건강하게 소통하면서도 배움에 충분히 몰두할 수 있는 것이다.

N은 혼자 공부하기를 멈추고 교습소를 열어 그 지식을 아이들과 나누기 시작했다.

"그동안 귀로 듣고 머리로만 생각했는데, 마음으로 듣고 실행에 옮기는 것이 더 중요하다는 걸 알았어요."

매주 가족과 규칙적으로 산책을 한다는 N은 확실히 생동감이 넘쳐 있었다. 늘 혼자 걷던 N의 곁에 동행하는 가족이 생겼기 때문일 것이다.

구슬이 서 말이라도 꿰어야 보배이듯, 아무리 좋은 것이라도 활용하지 않으면 쓸모가 없다. 탐구자 유형에게는 이미 많은 구슬이 있다. 필요한 것은 '꿰는' 행동뿐이다. 쌓아 두는 일을 멈추고 꿰는 일을 실천해 보자. 어쩌면 예상보다 더 멋지고 값진 보물이 우리를 기다리고 있을지도 모른다.

☑ 나는 탐구자 유형일까?

1	궁금한 것이 생기면 체험보다는 관찰이나 독서를 통해 배우는 편이다.	☐
2	여러 사람과 어울리기보다 나만의 공간에서 편안하게 휴식하는 것을 좋아한다.	☐
3	자기 계발을 위해 노력하지만 기준에 못 미친다고 느낀다.	☐
4	나의 감정이나 기분을 표현하기가 힘들다.	☐
5	지식이나 정보를 하나로 모으고 정리하는 것을 좋아한다.	☐
6	생각이 잘 정리되지 않으면 행동에 옮기기 어렵다.	☐
7	문제가 생겼을 때 다양한 의견을 모으고 수렴하지만 결국 혼자 결정한다.	☐
8	감정에 휘둘리는 일이 적으며 이성적이고 객관적인 편이다.	☐
9	명확한 주제가 없는 대화는 꺼리는 편이다.	☐

그림책으로 살펴보는
나의 모습, 아이의 모습

■ '머리' 대신 '가슴'으로

"선생님처럼 굴지 말고 엄마 하라고요!"

초등학교 4학년인 자녀가 L에게 외친 말이다. L은 책가방을 내동댕이치고 방으로 들어가는 아들의 모습을 보며 그대로 굳어 버렸다. 평소 대화가 잘 통한다고 생각했는데, 아이의 갑작스러운 행동에 머릿속은 백지가 되었다. 그동안 수없이 읽은 육아서에서도 이런 상황은 찾아볼 수 없었다. L은 열리지 않는 아이의 방문을 바라보며 한참을 생각했다. 그리고 결론을 내렸다.

"아이에게 사춘기가 온 것 같아요. 이럴 때 읽을 만한 좋은 책이 있을까요?"

"아이를 꼭 한 번 안아 주시는 게 책 열 권 읽는 것보다 나아요."

갈등 회복의 실마리를 책에서 먼저 찾으려는 L에게 내가 한 말이다.

　L도 N과 마찬가지로 탐구자 유형에 속한다. 탐구자 유형 부모는 현명하고 객관적이며 사리가 밝다. 이러한 성향이 건강한 방향으로 발휘될 때, 이들은 자녀를 객관적으로 관찰하고 일관성 있는 행동을 보인다. 자녀에게 꼭 필요한 정보를 제공하고 문제가 생겼을 때 현명한 해결책을 제시한다. 탐구자 유형에게는 부정적인 상황에서도 재치를 잃지 않고 상황을 긍정적으로 이끄는 통찰력이 있다. 자녀들은 이런 부모에게 신뢰감을 느끼고 수평적 관계 속에서 독립적이면서도 타인과 원활한 소통을 하는 사람으로 자라게 된다.

　하지만 L의 아들은 또래 관계에서 어려움을 겪고 있었다. 아이가 학급 임원 선거에서 떨어지자 L은 자신의 지식을 토대로 또래 관계에 관해 조언을 해 주었다. 하지만 이때 아이가 원한 건 조언이 아니라 그저 따뜻하게 안아 주는 것이었다.

　L의 사례처럼 현명하고 사리 분별이 명확한 탐구자 유형 부모에게 부족할 수 있는 것이 바로 정서적 교감이다. 이들 중에는 임신하는 순간부터 책을 통해 전문가적 지식을 습득하는 부모가 많은데, 그 경험이 아이를 양육할 때에도 이어지는 것이다. 양육 과정에서 어떤 문제에 부딪쳤을 때 가슴보다 머리가 먼저 움직이기 때문에 책과 자료를 통해 문제 해결 방법을 찾으려 한다. 이

성과 지식을 중요하게 여기다 보니 감정은 이를 방해하는 요소로 인식하고 감정을 느끼는 데에 인색한 면도 있다. 객관성을 잃고 바른 판단을 하지 못할 거라는 불안은 감정을 둔감하게 만든다. 이때 아이의 감정을 알아채기는 당연히 어렵다. 부모가 정서적 충전보다 인지적 충전에 집중하는 성향이라면 아이가 부모와의 관계에서 외로움을 느낄 가능성이 생기는 것이다.

또한 탐구자 유형은 독립적 성향이 있어 사람들과 일정한 거리를 두기도 하는데, 이러한 성향이 건강하지 않은 방향으로 나타난다면 아이에게까지 거리를 두게 된다. 머릿속은 온통 아이 생각으로 가득 차 있지만 정작 이 생각을 행동으로 실현하지 못하는 것이다. 그래서 탐구자 유형 부모는 아이와 몸으로 놀아 주거나 스킨십 하기를 힘들어하는 면이 있다. 이때 아이에게는 경험과 체온으로 채워지는 정서적 교감 영역에서 공백이 생겨난다.

아이를 키우는 일에 머리만 필요한 건 아니다. 머리보다 '심리적 포옹'이 필요할 때가 더 많다. 아이들은 옳은 말만 하는 부모보다, 황당한 이야기라도 눈 맞춰 진지하게 들어 주고 어떤 상황에서도 자신을 팔 벌려 안아 줄 부모를 통해 세상을 살아갈 힘을 단단하게 키우기 때문이다.

탐구자 유형 부모들이 아이와의 관계에서 놓치고 있는 '심리적 포옹'을 잘 보여 주는 그림책, 『왜냐면…』을 소개한다.

■ 엄마와 아이의 마음 연결고리 다지기

엄마와 아이가 집으로 가는 길, 아이는 엄마에게 이것저것 물어본다. 첫 번째 질문은 '비가 왜 오는지'이다. 엄마는 비의 원리를 과학적으로 설명하는 대신 아이를 위해 재미난 스토리텔링을 시작한다. 눈높이에 맞춰 '새들의 눈물'이라고 설명해 준 것이다. 조금 허무맹랑한 이야기일 수 있지만 이 스토리텔링에서 시작된 '지식'이 아닌 '감성' 대화는 엄마와 아이의 마음 연결고리, 즉 '정서적 교감'이 된다.

아이는 엄마의 말을 꼬리물기하며 계속해서 질문을 던진다. 새는 왜 우는지, 왜 물고기는 계속 씻고 먹던 걸 뱉는지……. 엄마의 말은 시종일관 아이의 눈높이에 맞춰져 있다. 자신의 호기심을 마음으로 받아 주는 엄마와 이야기하며 집으로 돌아오는 길은 그 자체로 즐거운 경험이 된다. 이러한 경험은 아이가 무엇이든 털어

『왜냐면…』
안녕달 글·그림, 책읽는곰, 2017

놓고 상의할 수 있게 하는 소통의 마중물이 되어 준다.

그 결과 아이는 '유치원에서 바지가 맵다고 울었다'는 표현으로, 부끄러울 수 있는 일을 엄마에게 재치 있게 고백한다. 엄마가 어떤 반응을 보였을지는 상상에 맡기겠다.

탐구자 유형 부모가 아이와 건강한 애착 관계를 만들려면 먼저 자신의 감정을 느끼는 연습이 필요하다. 스킨십은 에너지가 부족한 탐구자 유형 부모가 가장 쉽게 시작할 수 있는 신체 언어이기도 하다. 스킨십과 운동을 통해 머리와 마음에 에너지를 고르게 분배하기 시작한다면 아이들과 신나게 놀 수 있는 환경도 마련할 수 있다. 가벼운 운동을 규칙적으로 하는 것도 도움이 되므로 『왜냐면…』 속 엄마와 아이처럼 아이의 손을 잡고 산책을 해 보자. 엉뚱한 질문과 대답에 열심히 호응하면서 같이 걷다 보면 아이의 감정과 나의 감정이 맞닿는 느낌을 받을 수 있을 것이다.

L은 상담이 끝난 후 집에 들어가자마자 아이를 안아 주었다고 했다. 어색함도 잠시, 다 커 버린 줄 알았던 아이가 자신의 품 안에 다 들어오는 작은 존재였다는 걸 깨닫자 눈물이 났다고.

아이는 찰나를 기억하며 산다. 힘이 되는 찰나가 많다면 힘든 순간에도 그걸 디딤돌 삼아 살아갈 수 있다. 엄마의 따뜻한 포옹이 아이에게 다시 시작할 용기를 주는 것이다. '열 권의 책보다 한 번 안아 주는 것이 낫다'는 말에는 이런 의미가 담겨 있다.

마음 : 온(溫 On)
질문으로 내 마음 반짝 켜기

Q 열세 살 딸아이의 꿈이 가수라 엔터테인먼트 학원을 다니고 있는데 제가 보기에 춤도 노래도 소질이 없어요. 직접 해 보면 스스로 소질이 없다는 걸 알고 그만두겠지 하며 지켜보고 있는데, 오디션에 몇 번씩 떨어져도 가수의 꿈을 포기하지 않네요. 어떻게 하면 스스로 포기하게 할 수 있을까요?

A 탐구자 유형 부모는 독립성을 중요하게 여깁니다. 그래서 자녀의 문제에 적극적으로 관여하지 않고 아이가 스스로 해결하거나 선택하기를 기다립니다.

그렇다고 무관심한 것은 아닙니다. 머릿속으로는 어떤 것이 아이에게 좋을지 끊임없이 고민합니다. 질문에서도 아이에게 가수의 재능이 없다고 판단하기까지 아이를 계속 지켜보면서 수많은 고민을 거쳤을 시간들이 짐작됩니다. 안타까운 점은 '생각'만 있고 '지켜보기'만 해 왔다는 것입니다.

그 상태가 지속되면 아무것도 바뀌지 않습니다. 아직 판단이 미숙한 아이가 스스로 깨닫고 행동을 바꾼다는 건 매우 어려운 일입니다. 아무것도 안 하다가 중요한 시기를 놓쳐서 어쩌면 더 큰 후회를 할 수도 있겠죠.

분위기 좋은 카페에서 아이와 대화를 해 보면 어떨까요? 먼저 아이가 가수라는 꿈을 좋아하는지, 원하는지 살펴보세요. 좋아하는 것이라면 꼭 가수가 아니더라도 음악 영역에서 다양한 분야의 일을 해 볼 수 있을 겁니다. 원하는 것이라면, 그 욕구가 어디서 기인했는지 함께 찾아봅니다. 여기서 아이의 마음에 공감해 주는 말과 태도가 매우 중요합니다.

이 과정에서 아이는 목표를 점검해 볼 수 있게 될 겁니다. 그동안 지켜보며 들었던 생각과 더불어 마음을 전해 봐도 좋습니다. 여기서 핵심은 아이가 당장 가수의 꿈을 포기하도록 하는 것이 아닙니다. 그동안 놓친 것들을 살펴보고, 자신을 돌아보는 성찰의 시간을 보내도록 안내하는 겁니다.

부모와 나누는 소통을 통해 아이에게 다른 것을 경험해 볼 수 있는 기회를 제공하면 아이는 자신에게 맞는 옷을 찾을 수 있을 겁니다. 당신과 같은 탐구자 유형의 실천은 앎을 바탕으로 하기에 막강한 힘을 가지고 있습니다. 생각의 터널에서 나왔을 때 비로소 빛나는 실천의 방법이 보인다는 점을 기억하세요.

Q 초등학교 3학년 딸아이의 숙제를 봐 주다 보면 꼭 싸우게 돼요. 저는 기초부터 시작해 스스로 깨달아 가는 과정이 중요하다고 생각하는데, 아이는 빨리 답을 가르쳐 달라고 해요. 공부가 아니라 요령만 익히려고 하는 것 같아요. 어떻게 지도해야 할까요?

A 탐구자 유형 부모는 타인의 가르침을 받기보다 혼자 연구하고 스스로 이해하기를 매우 중요하게 생각합니다. 그래서 아이의 공부를 지도할 때 직접적이고 명확한 설명보다 간접적이고 우회적인 설명을 많이 하게 됩니다. 이들은 지적인 토론을 즐기는 경향 때문에 추론적 사고방식을 갖고 있으며 주로 추상적인 단어를 사용합니다. 하지만 일정한 시기가 될 때까지 아이들의 사고는 이런 부모의 생각을 따라가지 못합니다.

아이에게는 발달 단계라는 게 있습니다. 나이가 어린 친구들은 추상적이거나 추론적인 개념을 받아들이기 어렵습니다. 노력의 문제가 아니라 뇌가 이런 개념을 이해하며 소화할 준비가 안 된 겁니다. 그래서 아이의 발달 단계에 맞는 설명이 필요합니다. 먼저, 어른이 너무 추상적이거나 어려운 어휘들을 쓰고 있지 않은지 점검해 봅니다. 저학년일수록 구체적이고 명시적인 설명이 필요합니다. 교재에 나온 어려운 어휘들도 쉽게 풀어 줄 필요가 있습니다.

몰입도 역시 아이마다 다릅니다. 아이가 집중할 수 있는 시간을 확인하고 그 시간을 넘기지 않게 해야 합니다. 잠시 쉬고 다시 시작하는 과정을 꼭 챙겨 주세요. 부모가 몰입하다 보면 아이의 휴식 타이밍을 놓칠 수 있습니다.

탐구자 유형 부모는 지식과 이해의 영역에서 자녀들이 자신의 기대만큼 따라오지 못하면 크게 화가 날 수 있습니다. 평소 감정적이지 않은 부모가 크게 화를 내는 모습에 아이들은 혼란스럽고 이런 상황을 만든 공부에 거부감을 갖기도 합니다.

당신이 탐구자 유형이라면 어려운 문제도 재치 있게 해결하는 능력이 있다는 점을 기억해 주세요. 여유를 잃지 말고 아이의 눈높이에서 시작해 보세요. 그러면 아이에게도 부모와 하는 공부가 즐거운 추억으로 남을 겁니다.

감정표현 연습하기
① 평소 올라오는 감정을 누르지 말고 그대로 느껴 봅니다.
② 느낌 단어를 이용해 감정 카드를 만들어 봅니다.
③ 아이와 함께 감정을 표현할 때 같이 해 줬으면 하는 스킨십을 정합니다.
④ 감정표현 카드에 스킨십을 함께 적어 넣습니다. (그림 표현도 좋습니다.)
⑤ 메모 보드에 붙여 놓고 감정표현과 함께 스킨십을 실천합니다.

함께 읽으면 좋은 책

눈물바다
서현 글·그림, 사계절, 2009

시험을 봤는데 모르는 것투성이, 급식은 마음에 들지 않고, 억울하게 혼도 났다. 터덜터덜 비를 맞고 집에 온 주인공, 집에도 마음을 불편하게 하는 일들이 가득하다. 주인공은 어떻게 했을까? 때로는 이성적인 해결책을 강구하기보다 느끼는 그대로 시원하게 울어 버리는 것도 좋은 방법이다. 그림책을 덮을 때쯤 불편했던 마음이 어느 정도 해소되었음을 느낄 수 있다.

3초 다이빙
정진호 글·그림, 스콜라, 2018

높은 곳에 위치한 다이빙대를 바라보는 아이. 아이의 눈앞에 놓인 계단은 유독 커 보인다. 아이는 계단을 오르며 생각한다. 달리기도 1등 해 본 적 없고, 사범님은 돌려차기로 누구든 이기라고 하지만 이기고 싶은 마음도 없다. 친구들은 내가 느리다고 말하고, 수학도 자신이 없다. 하지만 3초면, 3초면…… 풍덩! 걱정을 덜어 낸 아이의 표정이 독자에게도 후련함을 안겨 준다.

에니어그램 깊이 알기

통찰력 있는 지적 탐구자

탐구자 유형은 에니어그램 5번 유형으로, 관찰력과 이해력이 뛰어나며 공정하다. 문제의 핵심을 잘 파악하기도 한다. 다양한 지식을 통합하고 새로운 것을 창조하는 독창적인 면모도 가지고 있다. 독립적인 성향을 가지고 있으며 고독을 즐길 줄 안다. 자신이 관심 있는 건 깊이 탐구하고 지적인 대화를 즐긴다. 지나치게 지성적이다 보니 감정표현을 어려워하거나 서툰 면이 있다. 슬픔을 느끼는 걸 두려워하거나 고통스러울 때, 그런 감정이 느껴지는 것 자체를 거부하기도 한다.

한편 5번 유형은 배경지식을 쌓는 데 몰입하다 보니, 경험하기를 미루는 경향이 있다. 요리나 꽃꽂이 같은 것을 배울 때, 역사나 방법에 관한 이야기를 습득하는 데 힘을 쏟다가 정작 실전에 다가가는 과정에 이르지 못하는 모습이 여기에 해당한다. 이러한 측면이 타인과 관계를 맺을 때 딜레마가 되기도 한다. 특히 아이와 몸을 움직여 부딪쳐 보는 활동을 할 때에는 정보가 많지 않은 상태에서 실행해 보는 것도 중요한데, 탐구자 유형의 이러한 성향이 아이의 경험을 제한하는 요인이 될 수도 있는 것이다.

아이와 지적으로 충만해지는 활동을 하는 것도 좋지만 마음을 나누는 관계가 될 수 있도록 노력하면 좋겠다. 세계를 깊게 통찰하고 이해하는 5번 유형의 능력을 바탕으로 아이의 생각과 마음, 관심사를 깊이 있게 들여다본다면 건강한 성향을 잘 발휘할 수 있을 것이다.

■ **나에게 이런 말을 들려주세요**

- 다른 사람과 소통하는 과정에서 배우는 점도 많아.
- 많이 아는 일도 중요하지만 깊이 공감하는 일도 중요해.
- 어떤 집단에서 꼭 똑똑한 역할을 맡을 필요는 없어.
- 완벽하게 준비되지 않아도 괜찮아.

안전을 중요하게 여기는 파수꾼형 부모

"아이에게서
눈을 떼기가 어려워요"

장소현

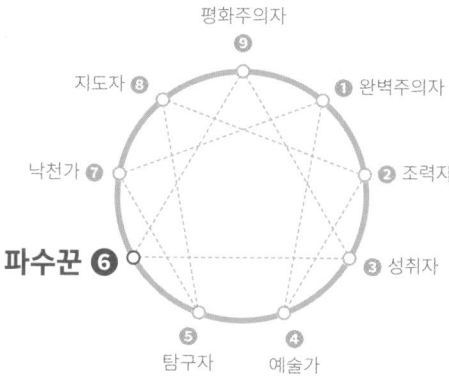

파수꾼형 성격유형 파악하기

■ **신뢰할 수 있는 사람**

새로운 직장으로 이직하여 적응하느라 정신이 없었다. 회사 동료인 B는 그런 나를 잘 적응할 수 있도록 도왔다. 사내 분위기나 시스템 등을 자세히 알려 주었고 업무에서도 든든한 지원군이 되어 주었다. 우리는 동료 이상의 관계로 발전하면서 아이들까지 친해져 1년에 두 번씩 가족 여행을 하는 사이가 되었다.

B는 책임감이 남다르고 섬세한 편인데, 여행할 때도 우리의 의견을 묻고 계획을 짰다. 비상약, 마스크 팩, 다용도 지퍼 백까지 준비물도 완벽하게 챙겼다. 그러나 B의 책임감은 때로 지나친 잔소리로 이어졌고 우리를 당황하게 할 때도 있었다. B를 지칭하는 말을 찾아보면 무엇에든 충실한 '파수꾼'이라는 단어를 들 수 있겠다. '파수꾼'은 사전에 '지키는 일을 하는 사람', '한눈팔지 않고 성실하게 일하는 사람'이라는 뜻으로 등재되어 있다. 현실적 감각

이 뛰어나 실질적인 문제들을 해결하고 실행하는 힘을 가진 유형으로, 관계를 가꾸어 나갈 때에도 따뜻한 마음으로 타인을 대하는 데 익숙해서 인간관계를 오래 지속하는 편이다. 이들의 내면에는 안전함을 갈망하는 마음과 책임감이 자리를 잡고 있다.

그렇다 보니 파수꾼 유형에게서 양쪽 어깨에 짊어진 '걱정상자'를 흔히 볼 수 있다. 걱정상자 안에는 현실의 문제를 다루기 위한 불안과 두려움, 염려, 근심이 가득하다. 실수할까 봐 두려워 매사를 정확하게 확인하려는 준비성도 들어 있다. 다른 유형보다 안전 문제를 둘러싼 불안도 높은 편이기 때문이다. 다시 말해 이들의 걱정상자는 두려움과 불안으로 생겨난 안전장치와도 같은 셈이다. '파수꾼' 유형답게 이들은 주변에 믿을 수 있는 사람이라고 소문이 난다. 가족 안에서도 돌보아 주는 역할을 주로 하며, 이 유형과 함께하는 가족들은 안전하게 보호를 받는다고 느낀다.

걱정상자의 크기가 커지면 최악의 상황을 생각하게 되는 경우가 많다. 확실한 대비를 해야 하니 이들의 마음은 분주할 수밖에 없다. 이러한 생각에 휩싸이게 되면 새로운 도전이나 갑작스러운 변화를 잘 받아들이지 못하는 것은 당연한 일이다.

■ **불안과 안전은 줄다리기 중**

앤서니 브라운의 그림책『어떡하지?』를 보자. 표지를 꽉 채운 아이의 얼굴은 파랗고 창백하다. 얼음처럼 얼어 버린 것 같다. 파수꾼 유형이 종종 불안을 느낄 때 이런 모습이 아닐까?

주인공 조는 생전 처음으로 친구 생일 파티에 초대를 받았다. 그런데 그만 친구가 보내 준 초대장을 잃어버렸다. 조는 엄마와 함께 친구의 집을 찾아다니며 앞으로 일어날 일들을 걱정한다. 파티에 모르는 친구가 있으면 어떡하지? 자신이 싫어하는 음식들만 있으면 어떡하지? 무시무시한 놀이를 하게 되면 어떡하지?

이 그림책은 조가 걸으며 마주하는 집 외관이 등장한 뒤 페이지를 넘기면 해당 집 내부가 보이는 구성이다. 안쪽 풍경에는 주인공의 두려운 심리가 고스란히 나타난다. 실제로 일어나지 않은 일들이 과장된 형태로 나타나는 그림은 마음속 불안의 크기가 얼

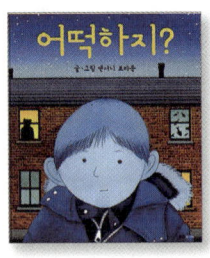

『어떡하지?』
앤서니 브라운 글·그림, 홍연미 옮김, 웅진주니어, 2013

마나 큰지 드러내 준다. 괜찮을 거라며 엄마가 아무리 다독여도 조는 여전히 마음이 놓이지 않는다.

두려움은 파수꾼 유형이 다른 유형보다 자주 느끼는 감정이다. 두려움과 걱정이 커지면서 막연하게 올라오는 공포감을 접하다 보니, 앞으로 나아가는 데 시간이 걸린다. 낯선 상황을 염려하는 일은 어쩌면 당연할 수 있지만, 이들이 느끼는 걱정과 불안은 자신감마저 상실하게 만들고 그 강도가 심하다는 측면이 있다.

하지만 조에게는 함께하는 엄마가 있다. 새로운 환경에 첫발을 내딛는 아이에게 친구 집을 금방 찾을 수 있다며, 파티에는 네가 좋아하는 것들이 잔뜩 기다리고 있을 거라며 긍정적으로 용기를 불어넣는 존재다. 조는 엄마의 지지와 도움으로 친구 생일 파티에 무사히 도착할 수 있다. 어쩌면 조는 난생처음 누군가의 생일파티에 참여하는 것을 무서워하면서도 한편으로는 친구 집에 가 보고 싶지 않았을까?

부모는 이런 아이의 마음을 봐 주고 이끌어 준다. 부모의 지지로 아이는 '걱정상자'를 벗어던지고 자신감을 찾아 '자기신뢰'를 회복한다. 만약 조가 걱정에 사로잡혀 생일 파티에 가는 것을 포기했다면 어땠을까? 친구들과 만남도, 파티의 즐거움도 경험하지 못했을 것이다.

『어떡하지?』는 처음으로 무언가에 도전하는 일이 겁나지만 막상 겪고 나면 생각보다 훨씬 멋진 결과를 가져온다는 점을 보여 준다. 불안이 많은 파수꾼 유형의 건강한 성장 방향을 제시하는 것이다. 표지에서 보여 준 조의 표정은 이야기의 말미에서 어떻게 변해 있을까? 밝고 생기 넘치는 표정으로 바뀌리라는 예상은 어쩌면 자연스러운 일일지도 모른다.

✔ 나는 파수꾼 유형일까?

1	성실하며 책임감이 강한 편이다.	☐
2	일을 할 때 걱정이 많아서 마지막까지 점검한다.	☐
3	예측 가능한 일을 좋아한다.	☐
4	내가 신뢰할 수 있는 사람에게 매우 충직하며 의리가 강한 편이다.	☐
5	유머 감각이 뛰어나다는 말을 자주 듣는다.	☐
6	의심이 많아 나를 이용하려는 사람을 잘 파악한다.	☐
7	결정을 내릴 때 신뢰하는 사람에게 동의를 얻으면 안심이 된다.	☐
8	정돈되고 질서가 잡혀 있는 상태를 좋아하며 그럴 때 안전하다는 생각이 든다.	☐
9	협력적이어서 어떤 조직에서든 잘 어울리는 편이다.	☐

그림책으로 살펴보는
나의 모습, 아이의 모습

■ **가족을 지키는 파수꾼**

파수꾼 유형이 양육을 할 때 모습을 살펴보자. 파수꾼은 경계하고 지키며 일하는 사람을 말한다. 안정 지향적이며 무슨 일을 하든 미리미리 준비하는 양육자라 할 수 있다. 불안이 꼬리에 꼬리를 물고 엄습하면 일단 움직임을 멈추고 대비한다. 계획적이고 일관된 태도로 자녀에게 사랑을 주고 돌보며 강한 의무감을 느끼기도 한다. 이런 성향이 가정과 자녀에게 헌신할 수 있는 에너지를 만들어 낸다. 가족의 안정과 건강을 위해 늘 대비책을 마련하는 부모라 할 수 있다.

이들의 성향이 건강한 쪽으로 발휘된다면 작은 것에도 세심한 주의를 기울여 자녀를 관찰하고 실질적인 도움을 주는 부모가 된다. 일관성 있게 자녀를 대하는 만큼 갑작스럽게 태도를 바꾸거나 기분에 따라 의사를 표현하지 않는다. 특유의 적극성과 타인을 안심시키는 능력으로 자녀와 맺는 관계에서도 수평적이고 협력적이어서 자녀에게 신뢰와 용기를 줄 수 있다.

하지만 주변 상황이 불안정해지거나 성향이 건강하지 못한 방향으로 나타날 때, 이들은 스스로 걱정상자를 다시 짊어진다. 그간의 움직임을 멈추고 불안에 대비한다. 일거수일투족에 촉을 세우니 평소 너그럽던 사람의 모습은 온데간데없다. 불안에 잠식되면 자신의 욕구에도 둔감해서 스스로 결정하지 못하고 주변에 의존하는 모습을 보이기도 한다.

■ 자녀의 영역은 자녀에게 내어 주기

자녀와 사이가 멀어졌다고 상담을 요청했던 A의 이야기는 파수꾼 유형의 건강하지 못한 모습을 보여 준다. A는 아이가 준비성이 철저하고 책임감 있는 사람으로 자라길 바랐다. 아이가 초등학생이 되었을 때는 알림장, 가정통신문을 잘 챙기는지 확인하기 위해 쫓아다니다시피 했다고 한다. 아이가 사춘기가 되었을 때는 학원 숙제나 출석과 관련해서 기대에 못 미치면 심하게 화를 내기도 했다. 준비성 없이 대충 넘어가거나 무책임한 모습을 보이면 참기 힘들다는 이유에서였다.

아이와 거리를 유지하지 못하게 되면서 잔소리가 많아졌고, 일일이 확인하는 빈도가 잦아지면서 갈등도 늘었다. 그러자 아이는 자신의 경계를 넘지 못하게 방어막을 치기 시작했다. A의 입장에서는 자녀를 잘 지키기 위해 노력한 자신의 모습이 아이에게 적군처럼 여겨졌다는 게 속상했다.

아이는 A를 '착한 꼰대'라고 했다. 잘못이나 실수를 여유 있게 보지 못하고 꾸짖거나 성급하게 고치려는 모습이 자녀에겐 꼰대 같은 이미지로 보였기 때문이다. 자녀와 대화가 잘 통하고 이야기를 잘 들어 주던 사람도 염려가 생기면 유연성이 떨어지는 모습을 드러내기도 하는 것이다.

파수꾼 유형의 부모가 성장해 가는 과정이 재미있게 드러나는 그림책으로 『수영장에 간 아빠』를 꼽을 수 있다. 표지를 보면 아빠로 보이는 사람이 수영은 하지 않고 벽에 붙어서 어딘가를 열심히 살펴본다. 뒤표지까지 펼쳐 함께 보면 그곳이 레인으로 구분된 수영장임을 알 수 있다. 아빠의 옆에 있는 아이는 너무나 작게 그려

『수영장에 간 아빠』
유진 글·그림, 한림출판사, 2019

져 있다. 아이를 향한 부모의 걱정과 아이를 잘 지키겠다는 책임감이 그대로 전달되는 이미지이다.

아빠의 눈에 보라는 언제나 작고 약한 아이처럼 보인다. 그림에서는 마치 엄지공주처럼 그려진 보라를 아빠가 어깨 위에, 손바닥 위에 올려 놓고 애지중지하는 장면으로 표현되었다. 그런 딸이 수영장에 다니기로 했다. 불면 날아갈까, 쥐면 꺼질까, 아빠는 늘 걱정이 앞선다.

아빠의 마음 표출 1단계! 바로 '잔소리'이다. 준비 운동을 잊으면 안 되고, 물에 빠지면 발이 바닥에 닿을 때까지 기다리다가……. 2단계는 결국 보라를 따라 '함께 수영장에 다니기'이다. 보라는 수영장까지 따라와 다 아는 이야기를 구구절절 말하는 아빠가 귀찮기만 하다. 무슨 일이든 쫓아다니며 다 챙겨 주는 아빠는 딸의 슈퍼히어로가 되고 싶지만, 사실 겁이 많다. 정작 물이 무서워 수영도 못 하는 것이다!

보라는 아빠에게 유아풀에서 함께 연습하자고 제안하고, 발차기를 도와준다. 얕은 물에서 즐겁게 수영을 하다 보니 보라의 실력은 쑥쑥 늘어 가고 드디어 처음으로 킥판 없이 수영해야 하는 상황도 온다. 보라는 발이 바닥에 닿지 않는 곳에서 무사히 수영을 마칠 수 있을까? 아빠는 보라를 도와주지 않고, 스스로 하도록 지켜보는 자리에 머무를 수 있을까?

■ 걱정에서 벗어나 스스로의 내면 키우기

이야기의 말미에는 보라와 아빠가 수영장에서 마주 보는 장면이 있다. 아빠 어깨 위에, 손바닥 위에 놓일 수 있는 크기로 표현되던 보라는 이제 아빠보다 훌쩍 커진 모습이다. 이 장면을 통해 우리는 이야기의 결말을 예측할 수 있을 것이다.

부모가 아이를 걱정한다고 모든 것을 다 해 줄 수는 없다. 자녀가 해 나가야 하는 영역을 침범하면 아이는 스스로 할 수 있는 일도 어렵게 느끼고, 타인에게 의존적인 방식으로 자랄 가능성이 있다. 파수꾼 유형 부모의 지나친 걱정, 불안과 아이의 마음이 부딪치게 되면 자녀와 부모의 소통도 제대로 이뤄지지 않는다.

A에게는 아이의 자립성을 존중하는 마음가짐이 필요했다. 그

왼쪽이 보라, 오른쪽이 아빠 모습이다.
ⓒ 『수영장에 간 아빠』, 유진, 2019, 한림출판사.

래서 걱정이 올라오는 순간마다 그 마음을 자녀에게 전달하고 '부모로서 이러한 행동을 취해도 될지' 자녀의 동의를 구하는 연습을 하게 했다. 설령 자녀가 거절했어도 아이를 존중하고 수용하는 인내력을 키워야 한다고 안내했다.

A가 자녀의 영역을 내어주면서 아이는 비로소 스스로 행동하는 습관을 들일 수 있었다. 아이가 자신의 영역을 책임지고 살아갈 수 있는 성장환경이 마련되면서 둘의 관계는 좋아지기 시작했다. 『어떡하지?』의 주인공처럼, 『수영장에 간 아빠』의 보라처럼, 부모에게 '지지하는 마음'을 받으면 새로운 것에 도전할 수 있고 스스로 그 도전을 헤쳐 나갈 수도 있는 것이다. 부모가 사랑하는 자녀를 믿어 주었을 때 자녀는 비로소 자신의 몫을 다하게 된다. 이런 관계를 통해서 자기 안에 있는 두려움과 현실적인 문제들을 조금씩 직면하고 함께 맞서 싸워 나갈 수 있는 것이다.

자녀를 향한 걱정과 염려를 자녀를 응원하고 격려하는 에너지로 전환하면 아이는 부모를 안전기지 삼아 건강하게 성장한다. 파수꾼 유형이 갖춰야 할 양육 태도 중 하나는 자기 방식대로만 아이를 키우면 안 된다는 것, 자녀에게 주도권을 줘야 한다는 것이다. 모든 상황에서 완벽할 수 없고 계획한 대로 될 수 없다는 것을 인정하는 여유 또한 필요하다. 가득하던 걱정을 조금씩 덜어 놓으며 자녀를 믿고 지원할 때 부모와 자녀는 행복한 관계가 된다.

마음 : 온(溫 On)
질문으로 내 마음 반짝 켜기

Q 아이가 학교에서 어떻게 보냈는지 염려되어 힘들게 하는 친구는 없는지, 속상한 일은 없었는지 답을 들어야 마음이 편합니다. 평소보다 귀가가 10분 정도만 늦어도 걱정이 앞서 학원에 전화하여 확인하는 경우가 종종 있습니다. 엄마는 CCTV처럼 감시한다는 아이의 말에 제 마음을 몰라주는 것 같아 화를 냈고, 또 그런 저를 자책합니다.

A 당신은 아이가 안전한 환경에서 성장하길 바라며 세심하게 양육하는 부모입니다. 부모가 없는 곳에서도 보호막이 되어 주고 싶은 마음은 충분히 이해가 갑니다. 그러나 너무 사소한 부분까지 안전의 유무와 연결하여 확인하면 주변에서도, 아이도 피곤함을 느낄 수 있습니다.

당신에게는 위험이 가득한 세상에 아이를 내보낼 커다란 용기가 필요합니다. 좀 더 아이를 믿고 기다려 주세요. 부모가 모든 문제를 해결해 주기보다 아이가 스스로 문제를 해결하는 법을 배우는 것이 더 안전한 방법입니다. 아이를 믿는 마음이 자리 잡으면 아이는 더욱 건강하게 자기의 자리를 확보하면서 자랄 겁니다. 그리고 진짜 문제가 생기거나 부모의 도움이 필요할 때는 든든하고 신뢰감이 있는 당신을 꼭 찾을 것입니다.

Q 가족끼리 여행을 가거나 나들이를 갈 때, 편한 마음으로 나갈 수 없습니다. 늘 최악의 상황을 생각하며 짐을 늘리고 이것저것 신경을 쓰느라 떠나기 전부터 힘을 다 써 버린 상황이 됩니다. 어떻게 하면 좋을까요?

A 당신은 주변이 잘 정리되고 본인 스스로 통제하고 있다고 느껴야 안정감이 생기는 유형입니다. '유비무환'은 당신의 좌우명이죠. 짐을 챙기다 보면 가방은 넘치고, 분주함에 지칠 수 있습니다. 외출 준비나 여행 준비에만 몰두하면 정작 가족들은 자신에게 신경을 쓰지 않는다고 느낄 수 있습니다. 또한, 그런 마음을 몰라주는 가족들에게 여행 중 짜증이 날 수도 있고요. 책임에 대한 스트레스를 받으면 새로운 환경을 즐기지 못하고 '집에 있는 게 더 편할 것 같아' 하며 회의적인 마음이 생깁니다. 최선을 다하는 것과 나를 소모하는 것을 구분할 필요가 있습니다.

여행이란 자신을 돌보고 가족들과 함께하는 즐거움으로 채워가는 것입니다. 이미 당신은 충분히 잘하고 있으니 당신의 몸과 마음을 챙기며 여행을 떠나 보세요. 좋아하는 노래 듣기, 먹고 싶은 음식 먹기, 나를 위한 기념품 사기, 내가 주인공이 된 여행 사진 찍기 등 다양한 일들을 통해 여행의 진정한 주체가 되길 바랍니다.

- 살면서 자신에 대한 의심으로 놓쳐 버린 기회가 있나 생각해 봅시다.
- 당신이 어떤 일을 결정할 때 주저하게 만드는 것은 무엇이 있을지 떠올려 봅시다.
- 삶에서 당신을 안전하게 하는 장치는 무엇인지 간략하게 정리해서 써 봅시다. (직장, 배우자, 일, 자녀 등)
- 당신의 불안과 염려를 편하게 해 주는 케렌시아가 있는지, 없다면 어디일지 상상해서 써 봅시다.
  ※ 스페인어 '케렌시아(Querencia)'는 피난처, 안식처, 귀소본능을 뜻한다.

함께 읽으면 좋은 책

걱정 상자
조미자 글·그림, 봄개울, 2019

'호'는 '주주'의 걱정을 덜어 주고 싶다. 커다란 상자를 준비해 걱정을 담아 보는데, 주주는 상자들로 집 안을 꽉 채울 만큼 걱정을 안고 있었다. 호와 주주는 상자를 새총에 걸어 날리기도 하고, 꾸미기도 하고, 말 한마디로 사라지게 하는 요술을 부리기도 한다. 걱정이 많은 아이에게 마음이 편해지는 방법을 찾아 주고 괜찮다고 위로하며 문제를 해결하는 지혜를 생각해 보게 한다.

불안
조미자 글·그림, 핑거, 2019

총천연색으로 화려하게 표현된 장면들이 인상적인 그림책. 어쩌면 우리의 불안은 무섭고 두렵기만 한 것이 아니라 일상의 다양한 면면을 생각해 보게 이끄는 것이 아닐까? 이 책은 피하기만 하려고 했던 불안의 감정이 있다면 가만히 들여다보라고 이야기한다.

용감한 아이린
윌리엄 스타이그 글·그림, 김영진 옮김, 비룡소, 2017

절망 속에서도 포기하지 않고 약속을 끝까지 지키려 했던 아이린의 용기가 감동적인 이야기이다. 파수꾼 성향의 양육자는 이 책을 읽으며 아이린 엄마의 마음을 들여다보길 권한다. 눈보라 치는 날, 자신을 대신해 약속을 지키려고 나간 아이린을 생각하며 불안하기도 했겠지만 결국 믿고 기다렸을 그 마음을.

에니어그램 깊이 알기

철저한 안전 지킴이 파수꾼

파수꾼 유형은 에니어그램상 6번에 해당한다. 자기 신념으로 신뢰감을 구축하는 사람들이라 할 수 있다. 이들은 가족과 친구들에게 헌신적이고 충실하며 책임감이 있고 열심히 일한다. 사람들과 신뢰 관계를 맺고 용기를 낼 때, 일이나 생활에서 많은 성과를 올린다. 기본적으로 두려움을 품고 있어 누구보다도 사회적인 안전을 중요하게 여긴다. 안전 추구라는 집착에서 벗어날 때 즐거움을 찾고 자신의 결단에 따라 행동하는 모습이 나타난다. 파수꾼 유형은 미래에 관한 걱정이 많은 편이어서 자신의 사회적 안전망을 튼튼하게 구축하려고 노력한다. 직업, 종교, 관계, 자기 계발 등 다방면에서 위험 부담을 지길 꺼리는 것이다. 이러한 태도는 아이를 양육할 때 갑작스레 맞닥뜨리는 변화에 소극적으로 대처하는 행동으로 이어진다. 파수꾼 유형이 여러 돌발상황에 적극적으로 대처하려면, 평소 시도하지 않았던 작은 일들을 의식적으로 해 보는 과정이 필요하다. 새로운 메뉴에 도전한다든가, 새로운 사람을 만날 수 있는 자리에 나가 보는 등 세상을 향해 마음의 문을 활짝 열어 보자. 낯설고 새로운 것들이 위험하지 않다는 걸 확인할 때, 내면의 성장을 이룰 수 있고, 아이와도 다양한 세계를 만날 수 있을 것이다.

■ 나에게 이런 말을 들려주세요

- 인생에는 오르막길도 있기 마련이야.
- 아이도 자기 몫을 잘해 나가고 있어.
- 나는 상황에 침착하게 대처할 힘이 있어.
- 겪어 보면 괜찮을 거야.
- 나의 선택을 신뢰해 나가자.

호기심 많은 낙천가형 부모

"내가 대책이 없는 걸까요?"

김연희

낙천가형 성격유형 파악하기

■ 그거 재미있겠는데?

감자 같은 머리통에 까까머리를 한 아이가 헐레벌떡 뛰어 들어오며 엄마에게 "어서 왔습니다." 하고 인사를 한다. "'다녀왔습니다'라니까." 엄마가 이 엉뚱한 인사말을 고쳐 줄라치면, 아이는 태연하게 "그렇게도 말하죠."라고 응수한다. 간식을 먹은 후엔 놀이터로 향한다. 또래 친구들과 만난 아이는 어두컴컴한 미끄럼틀 아래에서 마을을 지키기 위한 작전 회의를 시작한다. 어젯밤 웬 돼지 얼굴을 한 악당 녀석이 나타나 마을을 위협했기 때문이다. 아이는 평소에 또래 친구들과 마을 방범대로 활동해 왔었기 때문에 이런 모험쯤 두렵지 않다. 오히려 신나는 일이 일어난다는 생각에 한껏 고무되어 자신의 영웅 '액션가면'을 흉내 내 호탕하게 웃어 젖힌다. "하하!"

누구 이야기인지 짐작이 될까? 그렇다. 30년째 다섯 살인 아이, 바로 인기 만화 시리즈 주인공 짱구의 하루다. 아마 '낙천가' 유형의 특성을 조물조물 버무려 뚝딱 사람으로 만들어 놓는다면 짱구가 되지 않을까?

이들은 희극적인 요소를 잘 찾아낸다. 같은 말을 하더라도 유머 있게 전달하는 감각이 있어서 주변 사람들까지 재미있게 해 준다. 꿀밤을 맞아도 의기소침해지지 않는다. 짱구의 면면을 보면 그런 특성이 잘 드러난다. 가장 기초적인 인사말을 틀려 엄마에게 핀잔을 들어도 주눅 들거나 눈치 보는 대신 재치 있게 응수하며 상황을 빠져나간다. 초코바 하나가 입에 들어가면 금세 행복해져서 울라울라 춤을 춘다.

낙천가 유형이 밝고 긍정적인 성향을 띠는 이유는 다른 유형에 비해 행복을 추구하는 본성이 더 잘 발달되어 있기 때문이다. 다른 사람들이 하지 못하거나 하지 않을 일들도 쉽게 시작하고 거기서 즐거움을 찾곤 한다. 다섯 살밖에 안 된 짱구가 훈이처럼 불안에 떨거나 철수처럼 이것저것 따지거나 하지 않고, 낯선 악당과 맞붙는 한판 승부에 주저 없이 뛰어드는 이유는 천성적으로 모험을 선호하기 때문이다.

이들에게는 평범함 속에서 특별함을 찾아낼 줄 아는 본능적인 능력이 있다. 산책길에 늘 보던 작은 풀꽃이라도 어느 날 문득 자세히 들여다보며 꽃의 질긴 생명력과 소박한 아름다움에 감사해하고 행복해한다. 특별한 성취를 통해서만 행복을 느끼는 것이 아니라, 평범함 속에서 행복할 수 있는 재주를 타고난 것이다. 낙천가 유형의 긍정성은 곤란한 상황에서도 창의적인 해석을 통해 돌파구를 찾게 하는 힘을 주기도 한다. 그들은 그렇게 삶을 즐기며 살아가는 것을 가치 있게 여긴다.

그러나 그러한 본성이 긍정적이지 못한 방향으로 나타나면 즐겁고 행복해지기 위해서 특별한 무언가를 찾아다니는 데 집착하기도 한다. 새로운 사람들을 만나고, 새로 생긴 맛집을 찾아다니고, 새로운 유행을 쫓아다니며 시간이 부족할 정도로 여러 가지 일들을 찾아 열정적으로 움직인다. 그러나 이러한 모습은 활동적이고 적극적으로 보이기보다 깊이가 없고 산만하게 비춰지기 쉽다. 문제는 새로운 일을 시도하는 것도, 하다못해 물건을 사는 것도 장단점을 꼼꼼히 따져 보기보다 일단 저질러 놓고 보자는 마음으로 행하는 경우가 많다는 점이다. 현재에 만족하지 못하고 계속 새로운 무언가를 찾아 헤매고 있기 때문이다.

낙천가 유형의 감정이 건강한 상태라면 계획을 세워 실천하면서 좋은 성과까지 거둘 수 있지만, 감정이 건강하지 않은 상태에서는 무책임하고 변덕스러운 태도를 보이며 중간에 포기해 버리는 경우도 많다. 여기저기 벌인 일이 많다 보니 금세 에너지가 고갈된 탓이다. 이런 일이 반복되면 한 가지에 집중하지 못해 신뢰하기 어려운 사람이 되기 쉽고, 충동적으로 저질러 놓은 일을 수습하지 못한 채 회피하는 무책임한 사람이 되어 버리기도 한다. 그림책 『뭐, 어때!』의 주인공 '적당 씨'는 이 모습을 고스란히 보여 준다.

■ 이러나저러나 '뭐 어때'!

출근 시간이 한참 지난 시각. 적당 씨가 자명종 소리에 눈을 뜬다. 시간을 잘못 맞췄는지 아침 열 시가 돼서야 잠에서 깨어났다. 아무리 서두른대도 지각이 확실하지만 적당 씨는 이렇게 말한다.
"뭐 어때!"
평소대로라면 회사에서 열심히 일하고 있어야 당연한 시간이지만 서둘러 뛰어도 천천히 걸어도 어차피 지각이라는 생각에 있는 대로 여유를 부리면서 버스 정류장으로 향한다. 버스에 탔다고 상황이 종료된 건 아니다. 신문을 보다 내릴 곳을 지나쳐 버리고,

『뭐 어때!』
사토 신 글, 돌리 그림, 오지은 옮김, 길벗어린이, 2016

풍경이 예쁘다며 한참이나 바깥 구경을 한다. 그러다 바다까지 가 버린 적당 씨, 버스에 가방을 두고 내리고, 바다에 풍덩 빠져 옷을 몽땅 적셔도 이렇게 외친다.

"뭐 어때!"

적당 씨는 낙천적인 사람이다. 우연히 바다에 도착하면 왠지 횡재한 기분이 들고, 발이 엉켜 파도에 풍덩 빠지면 옷을 홀렁 벗고 헤엄을 즐긴다. 심지어 오랜만에 선보이는 적당 씨의 '적당한' 수영법은 보는 이들의 박수갈채를 받는다. 이렇게 다양한 분야에서 재능을 보이는 것도 낙천가 유형의 특징이다. 벗어 놓은 옷이 바다에 떠내려가도 괜찮다. 돈 한 푼 없어도 콧노래를 부르며 회사 앞까지 걷는 것이 이 사람의 라이프 스타일. 그렇게 적당 씨는 한밤중이 되어서야 회사에 도착한다.

『뭐 어때!』를 함께 읽다가 S는 한숨을 내쉬었다. 대책 없는 주인공이 꼭 자기 모습 같다는 설명이 뒤따랐다. 의외였다. 평소 그녀는 삶을 즐기고 스스로에게 만족하는 사람으로 보였기 때문이다. S는 늘 밝은 얼굴에 곧잘 까르르 웃으면서 어디서든 분위기 메이커가 되곤 했다. 학창 시절, 집안 형편이 넉넉하지 않아 스스로 학비를 충당해야 하는 상황에서도 힘들었다기보다 남들보다 많은 경험을 쌓을 수 있어 좋았다는 S의 고백은 낙천적이고 긍정적인 성격을 단적으로 보여 주는 이야기였다. 갑작스레 바다에 풍덩 빠진 '적당 씨'가 '뭐 어때!'를 외치며 수영을 즐기는 것처럼 S는 일상의 고단함을 특유의 낙천성과 열정으로 채워 나간 것이다.

S가 자신의 방식에 문제가 있다고 느낀 시기는 대학을 졸업하고 취업 전선에 뛰어들 무렵이었다. 지원하는 회사들이 원하는 조건을 좀처럼 맞추기가 힘들었기 때문이다. 같은 일을 반복하는 것이 지루하고 힘들어서 여러 일을 오갔는데 그러다 보니 이력은 독특하고 다양해졌지만 하나같이 너무 짧은 기간에 경력 간 공통점도 너무 없었다.

S는 숲을 그리지 않고 당장 흥미로운 나무만 찾아다녔던 자신의 모습이 적당 씨와 어느 정도 닮았다는 사실을 알아차렸다. 이는 낙천가 유형이 건강하지 않을 때 보이는 습성과 같다.

적당 씨에게는 해야 하는 것을 외면하고 자기 흥미만 찾아다니는 회피적 성향도 있다. 먼저, 자기가 회사에 가는 중이라는 중요한 사실을 자꾸만 외면했다. 꼭 내려야 하는 곳에서 한눈을 팔다 때를 놓치기도 했다. 부주의하게 벗어 놓은 옷가지들이 바다로 떠내려가는 위급한 상황에서도 '뭐 어때!'라는 말을 방패 삼아 자기 앞에 놓인 곤란한 상황을 무시해 버렸다. 당장 눈앞에 흥미로워 보이는 일에만 집중했기 때문이다. '적당 씨'는 신중하지 않고 고통을 회피하는 방식으로 정작 자신에게 중요한 일을 내팽개쳐 버린 것이다.

그림책으로 살펴보는
나의 모습, 아이의 모습

■ 낙천가 유형의 양육방식

이 직면이 S에게 유독 힘들었던 또 다른 이유는 자신의 '육아' 방식과 적당 씨의 모습이 겹쳐 보였기 때문이었다. 아이가 태어난 후, 그녀는 아이를 위해 즐거운 일을 계획하고 새로운 것을 보여 주는 데 온 힘을 썼다. 아이가 아주 어렸을 때부터 각종 문화센터 수업에 등록하고, 어린이 공연을 보러 다니고, 여러 체험활동에 참여했다. 사실 S의 열정적인 육아는 아직 어린 아이에게 적합한 방식은 아니었다. 오히려 아이에게는 벅찰 정도로 자극만 주어지는 환경일 뿐이었다. 어쩌면 양육자가 자신과 아이의 성향을 차분히 관찰하고, 자녀의 발달 수준에 맞는 경험을 제공해 주는 쪽이 바람직했을 것이다.

특히 아이가 학습을 시작해야 하는 나이가 되면서 문제가 두

드러지기 시작했다. 학원을 다니다가 힘들어하거나 조금 지루해할라치면 S는 먼저 나서서 중도 포기하게 만들었다. 고통을 회피하려는 무의식이 내린 선택이었을 것이다. 이제 초등학교 3학년이 되는 S의 아이는 한 가지 일을 진득하게 하기 어려워했다. 지나치게 허용적인 엄마와 자신의 관계에 익숙한 나머지 학교 선생님으로부터 산만하다는 지적을 받기도 일쑤였다.

S의 육아에 빠져 있는 조각이 바로 꾸준함이었다. 가령 아이와 함께 매일 그림책을 읽자고 약속해도 일주일 이상 지키는 법이 없었다. 갑자기 계획에 없던 가족여행을 떠난다거나, 새로 개봉한 영화를 보자며 외출을 하는 통에 아이가 반복적으로 꾸준히 지속해야 길러질 수 있는 습관은 형성되기가 어려웠다.

새로운 경험을 함께 하며 친근한 양육자가 되어 주는 것도 가치 있는 일이지만 재미를 최우선으로 추구하며 불규칙한 행동을 보이면 양육자는 아이를 힘들게 만드는 장본인이 되기도 한다. 그러니 낙천가 유형이라면 무리하지 말고 아이와 함께 한 가지 활동을 꾸준히 해내는 일에 도전해 볼 필요가 있다. 부모 자신부터 소모적인 습관을 줄이고, 지금 하고 있는 일들을 마무리한 후 다른 일에 집중하는 모범을 보여 주면 더 좋다. 그러한 과정을 통해 아이가 성취감을 맛볼 수 있게 해 주는 것도 양육자가 아이에게 줄 수 있는 큰 사랑이다.

■ 아이를 일으키는 긍정적인 시선

『뭐 어때!』는 낙천가 유형의 양육자가 유의해야 하는 모습을 보여주는 그림책이었다면, 『커다란 악어 알』은 이 유형의 부모가 아이에게 얼마나 큰 축복이 되어 줄 수 있는지 이야기하는 그림책이다.

어느 날, 악어 가족에게 설레는 사건이 생겼다. 엄마가 아주아주 커다란 알을 낳았던 것이다. 어찌나 큰 알이었는지 아빠와 두 형제는 놀라 할 말을 잃을 정도였다. 이 커다란 알에서 얼마나 대단한 녀석이 나올까? 악어 가족은 기대에 부풀어 아직 세상에 얼굴을 내밀지도 않은 알 속 주인공에게 '굉장이'라는 이름을 지어 주었다.

그러나 기대가 크면 실망도 크다고 했던가. 정작 알을 깨고 나온 굉장이는 도마뱀 새끼라 해도 믿을 만큼 작은 녀석이었다. 부풀었던 기대가 푹 꺼져 버린 악어 가족의 마음에는 대신 집채만한 걱정이 자리를 잡았다. 저 작은 입으로 풀이나 뜯을 수 있을는

『커다란 악어 알』
김란주 글, 타니아손 그림, 파란자전거, 2013

지, 황새처럼 가느다란 다리로 제대로 걸을 수나 있을는지, 아이의 면면이 근심거리였다.

악어 가족은 굉장이를 안쓰럽게 여기고 일거수일투족을 눈으로 좇으며 걱정을 쏟아 냈다. 커다란 알에서 너무도 작은 아이가 태어났으니 누구나 불안할 수밖에 없었을 것이다. 문제는 그 걱정 어린 시선과 말들이 굉장이에게 고스란히 전이되었다는 데 있다. 굉장이는 엄마가 주는 먹이를 받아먹으려다가도 제 입으로 뭘 먹을 수나 있을까 싶어 포기하고, 헤엄을 치려다가도 형들의 야단법석을 듣고는 지레 겁먹고 움츠러들어 버린다.

굉장이 같은 사례는 주변에서 어렵지 않게 찾을 수 있다. 밖에 나서면 결벽증처럼 제 물건 외에는 만지려 들지 않고, 친구가 자기 물건에 손대면 어쩔 줄 몰라 얼굴이 빨개지며 울음부터 터트리는 아이, 하루에도 열두 번씩 손을 씻는 바람에 여린 피부가 습진으로 짓물러 버린 아이 등, 엄마가 유난히 위생에 신경 쓰는 환경에서 자라난 경우에 이런 생활 습관이 형성되곤 한다. 질병에 취약한 아이를 걱정하는 엄마의 불안이 고스란히 아이에게 전이된 결과다. 가족들의 걱정이 오히려 '굉장이'를 불안하고 무기력한 상태로 내몰았듯, 엄마가 걱정을 내면화하면서 불안한 마음과 강박적 성향을 키워 왔다는 이유도 있다. 이처럼 양육자가 건네는 말들은 아이에게 굉장히 강력하게 작용한다. 긍정적이든 부정적이든 말이다.

낙천가 유형의 건강한 본성인 '긍정', '사소한 것에서도 행복의 재료를 찾아내는 재능'이 잘 발휘된다면 어떨까? 『커다란 악어 알』에서 악어 할머니는 양육자의 건강하고 긍정적인 응원 효과를 여실히 보여 준다.

할머니는 알을 보며 굉장한 녀석이 태어날 거라 장담하고 이름을 '굉장이'로 지어 놓은 장본인이다. 온 가족의 걱정에 눌려 자신감을 잃고 슬퍼하던 굉장이를 처음 마주했을 때에는 걱정 대신 화통하게 웃으며 '이럴 줄 알았어!'라고 소리친다. 할머니에게 '굉장이'는 무지하게 커다란 알을 그 작은 몸으로 깨고 나온 강단 있는 녀석이었던 것이다. 그러니 큼지막한 먹이를 먹는 일도 신나게 헤엄을 치는 일도 식은 죽 먹기로 해낼 수 있을 터였다. 이렇게 유쾌하고 긍정적인 할머니의 시선은 아이에게 그대로 전달되어 굉장이가 형제들보다 많이 먹고, 코끼리처럼 걸을 수도 있다는 자기 믿음을 만들어 주었다. 용기가 생긴 굉장이는 작은 몸으로 호수 깊은 곳을 헤엄치는 악어가 된다. 불안한 마음을 떨쳐 낸 후에는 자신이 '아무것도 못 하는 줄 알았다'며 그간 걱정했던 마음을 쓸어내린다.

똑같은 환경에서도 다른 사람이 보지 못하는 긍정적인 면을 찾고 해석할 수 있는 것은 낙천가 유형의 중요한 특징이다. 이들은 주어진 환경에 좌절해서 낙담해 있기보다는 그 안에서도 좋은 점을 발견해 내는 내면의 힘, 녹록지 않은 환경에서도 스스로 부딪혀 헤쳐 나갈 수 있다는 긍정적 믿음을 품고 있다. 다른 유형보다 상상력이 풍부해 창의적인 사고가 폭넓게 이루어지기 때문이다.

요즘 S는 일주일에 한 번씩 아이와 함께 그림 도구를 챙겨 집을 나서고 있다. 이름난 수업이나 유명한 행사에 참여하는 것에 비하면 소박한 활동이지만 S와 아이는 즐거운 시간을 보내고 있다고 전해 왔다. '적당 씨'의 하루를 통해 자기 삶을 돌아본 후 '할머니 악어'처럼 특유의 낙천성을 발휘해 만들어 낸 시간이다. 소소하지만 확실한 행복을 만드는 '소확행' 나들이를 통해 아이는 여유를 찾을 수 있게 되었고, 약속된 하루 공부를 스스로 하는 횟수를 늘려 나갔다. 아이에게 정말로 중요했던 것은 큰 행복, 다채롭게 보내는 시간이 아니라 꾸준히 이어지는 작은 행복이었으리라.

세상 모든 낙천가 유형 양육자들이 그림책 속 할머니 악어의 웃음소리를 원동력 삼아 아이가 진정으로 원하는 욕구를 알아차리는 데 집중하고, 흔들리지 않는 마음의 힘을 키우려 노력하길 바라는 마음이다. 그 축복의 시간이 앞으로도 빛을 잃지 않고 반짝일 수 있길 기대하며 응원을 보낸다.

마음 : 온(溫 On)
질문으로 내 마음 반짝 켜기

Q 열두 살 아이가 자기 방에서 나오려 하지 않습니다. 며칠 전 친한 친구와 다툰 뒤 상처를 많이 받은 것 같아요. 눈에 띄게 말수도 줄고, 혼자 있으려고만 합니다. 아이가 힘든 감정에서 빨리 벗어나게 해 주려고 싸우고 온 날부터 좋아하는 간식도 매일 사다 주고, 기분전환을 위해 노래방에도 데리고 갔는데, 도통 나아지는 것 같지 않아요. 벌써 사춘기라도 시작된 것인지, 도대체 어찌해야 할지 모르겠습니다.

A 아이가 힘든 상황을 얼른 극복할 수 있도록 다방면으로 돕는 당신은 낙천적이고 긍정적입니다. 아주 훌륭한 장점이지요. 하지만, 우리네 삶에 어디 늘 꽃길만 펼쳐지던가요? 살다 보면 몇 번쯤은 맨발로 자갈길을 걷는 것처럼 고통스러운 순간도 있고, 사막 한가운데서 홀로 깨어난 것처럼 외로운 순간도 있기 마련입니다.

가장 친한 친구와 관계가 틀어진다는 것은 이 또래 아이들에게 정말 힘든 일입니다. 정말 버겁고 외로운 상황인 것 같아요. 그렇다 할지라도 이런 문제는 아이의 몫으로 남겨 두어야 합니다. "괜찮아, 결국 잘되게 되어 있어." 같은 엄마의 응원은 아이에게 오히려 부담으로 다가갈 수 있습니다. 엄마인 당신이 슬픔은 독, 기쁨만이 약이라는 태도로 아이의 고민을 듣는다면 부정적인 감정에서 당장 벗어나는 데만 집중하고 애쓴다는 인상을 줄 수 있습니다. 상황이 반복되면 아이가 지금 느끼는 감정을 부끄러운 것, 감춰야 하는 것으로 여기게 만들지도 몰라요.

아이가 속상해하며 슬퍼하는 모습을 보는 것은 7유형인 당신에게 많이 힘든 일일 겁니다. 하지만, 이미 느끼고 있는 감정은 바꾸고 싶다고 해서 쉽사리 바꿀 수 있는 것이 아닙니다. 중요한 것은 부정적 감정을 느끼지 않도록 하는 것이 아니라 부정적 감정이 올라와도 괜찮을 수 있도록, 감정 다루는 방법을 익히는 것입니다. 가장 먼저 해 주어야 하는 것이 자기 감정을 수용하는 시간을 가지는 일입니다. 아이가 자기 감정을 충분히 돌아보는 연습을 하는 동안 조금 여유를 가지고 기다려 주세요. 부정적인 감정이 낯선 낙천가 유형 부모에게 조금 힘든 일일 수 있지만, 슬픔에 흠뻑 빠져 외롭고 답답한 시간을 통과하는 동안 아이는 자기 감정을 들여다보고 단단한 내면을 만드는 법을 배울 것입니다.

Q 이제 곧 초등학교에 입학하게 되는 아이가 있습니다. 한글은 떼고 가야지 싶어 얼마 전부터 매일 집 근처 도서관에서 함께 책 읽는 시간을 마련했어요. 그런데 아이도 저도 틀에 박힌 규율은 지키지 못하는 편이

라 이 핑계 저 핑계로 가지 않는 날이 늘고 있네요. 이 정도도 못 지키는 제 자신이 한심하기도 합니다. 불안하다 보니 오히려 별것 아닌 일로 아이를 다그치고 혼내는 경우도 늘고 있어요. 양육 효능감이 극도로 낮아졌습니다.

A 부모 역할이란 누구에게나 힘들지만, 특히 낙천가 유형의 부모는 양육을 하며 아이에게 반복적이고 규칙적인 것을 요구해야 할 때 그 스트레스에 더 취약할 수 있습니다. 스트레스가 심해지다 보면 오히려 규칙을 지켜야 한다는 마음이 커져서, 스스로 원칙을 정하고 그 틀 안에서 행동해야 한다는 강박을 가지게 되기도 합니다.

자유롭고 자발적인 도전을 즐기던 당신은 긍정적인 변화는커녕 답답하고 불안한 감정만 커져 가는 현재가 불편하고 불안할 수밖에요. 특히 그 불안이 양육방식이나 아이의 습관을 개선하려는 노력에서 시작되었다면, 스트레스의 화살이 아이를 향해 날아가는 일이 왕왕 있지요.

자꾸 아이를 혼내는 것 같은 생각이 든다면, 잠깐 멈춰서 무엇 때문에 이 원칙을 세우려고 했는지 곰곰이 생각해 보세요. 아이를 위해 시작했던 일이지만, 지금 아이를 가장 힘들게 하는 사람은 부모일지도 모르니까요. 또 새로운 습관을 형성하기 위해서는 부단한 인내의 시간이 필요하다는 것도 기억해 주세요. 매일매일 지속되는 일들이 당장은 작아 보일 수 있지만 훗날 돌이켜 보면 성장의 커다란 발판이 되어 있음을 느낄 수 있을 거예요.

함께 해 봐요

우선순위 리스트 만들어 보기

❶ 먼저 종이를 준비해서 두 개의 리스트를 만들어 봅니다. 한쪽에는 아이가 태어나 지금까지 시도해 보았지만 끝내지 못한 일들을, 다른 한쪽에는 끝까지 실행했던 일들을 적어 봅니다.

❷ 두 리스트에서 어떤 패턴을 발견할 수 있나요?
계획한 일을 마무리하지 못한 이유는 무엇이었나요?

❸ 우선순위 매트릭스를 이용하여 지금 늘어놓은 여러 가지 일들을 정리해 보세요. 끝내지 못한 일보다 끝낸 일이 많아질수록 성취감과 양육효능감은 높아집니다.

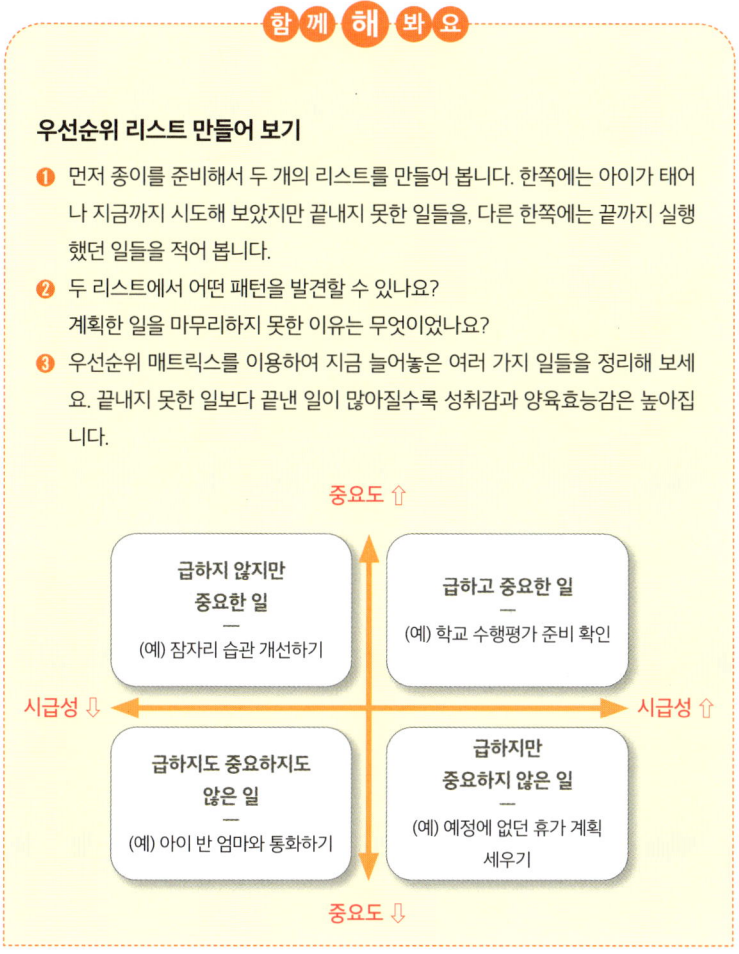

함께 읽으면 좋은 책

하루
강혜진 글·그림, 논장, 2018

화가가 작업실로 향하는 길은 평범한 풍경으로 가득 차 있다. 지하철을 타고, 특별할 것 없는 사진을 찍고, 늘 보던 상점을 지나 작업실에 도착한다. 어떤 날은 작업이 잘되기도 하고, 어떤 날은 까만 숲에 홀로 남은 듯 막막하기도 하다. 그만 그리고 싶은 날도 있다. 우리의 일상에는 어쩌면 화려한 스포트라이트를 받는 순간보다 참고 견디는 순간이 많을지도 모른다. 그 순간을 충실히 보내는 모두에게 큰 응원을 보내는 책이다.

나는 지하철입니다
김효은 글·그림, 문학동네, 2016

딸을 둔 회사원 완주 씨, 딸을 위해 해산물 가득한 보따리를 든 복순 씨, 두 아이와 함께인 유선 씨, 학원가에서 지하철을 탄 나윤이…… 사람들은 저마다의 길을 가기 위해 지하철을 오른다. 이 그림책은 지하철이라는 일상적이고 평범한 공간에서 이웃들의 삶을 조명하며 우리에게는 각자의 특별함이 있음을 생각해 보게 한다. 삶이 재미없고 시시하게 느껴질 때 이 그림책을 펼쳐 보자.

수영장 너머
조명선 글·그림, 향출판사, 2021

어떤 일을 능숙하게 하며 재미와 즐거움을 찾기 위해서는 시행착오를 겪는 과정이 꼭 필요하다. 이 그림책은 수영장에 첫발을 내디딘 사람의 마음을 잘 보여 준다. 할 수 있을지, 춥지는 않을지, 물이 깊어서 발이 닿지 않으면 어떻게 해야 하는지, 질문만 계속된다. 우리가 용기를 낼 수 있는 순간은 언제일까? 시선을 전환함으로써 '커다란 걱정' 너머 '작은 용기'를 마주해 보자.

에니어그램 깊이 알기

무궁무진한 계획을 가진 낙천가

행복한 삶을 추구하는 7번 유형은 끊임없는 상상력과 아이디어를 분출하며 스스로 좋아하는 무언가에 몰두하고 집중할 줄 아는 다재다능한 사람이다. 무엇이든 빨리 배우고 호기심을 보인다. 하지만 눈앞의 흥미만 좇아 일을 벌여 놓기만 하고 수습하지 못하는 상황이 반복되다 보면 어느새 산만하고 신뢰할 수 없는 사람으로 여겨지게 될 수도 있다.

낙천가 유형은 호기심이 많고 습득력도 좋아서 한 가지 일을 빨리 배울 수 있지만 그만큼 여러 일을 쥐고 있기 때문에 마음이 항상 바쁠 수 있다. 여기에서 낙천가 유형에게 깊은 불안이 생겨난다. 진정으로 원하는 한 가지 일이 무엇인지 모른다고 느끼기 때문이다. 그래서 낙천가 유형에게는 '지금, 여기'에 집중하는 과정이 필요하다.

양육을 할 때에도 마찬가지이다. 7번 유형은 가족들을 즐겁게 할 일을 계획하고 자녀가 인생의 밝은 면을 볼 수 있도록 이끌어 주는 친구같은 부모가 되어 준다. 아마 아이와 둘이서 낯선 곳에 남겨진다고 해도 불안에 떨기보다는, 그곳에서 즐겁게 지낼 창의적인 방법을 찾아 낼 것이다. 하지만 동전의 양면처럼 이러한 낙천성과 호기심이 7번 유형을 곤란하게 만들기도 한다. 즐겁고 싶어 잔뜩 계획을 세워 놓았지만 수습하지 못하는 상황이 반복되다 보면 어느새 산만하고 신뢰할 수 없는 부모로 여겨질 수도 있다. 또 다른 새로움을 추구하는 대신 지금 하고 있는 일을 하나하나 마무리해 보면 좋겠다. 긍정적인 에너지가 꾸준함을 갖춘다면 아이는 따뜻한 안정감을 느끼면서도 창의적인 사람으로 자라날 거라고 믿는다.

■ 나에게 이런 말을 들려주세요

- 평범해 보이는 일상도 소중해.
- 슬픈 감정도 의미가 있어.
- 어떤 일에 즐거움을 느끼기 위해서는 익숙해지는 시간도 필요해.
- 꾸준하게 한다는 건 참 의미 있는 일이야!

"내가 대책이 없는 걸까요?"

내가 동화 속 주인공이라면?

우리는 이야기 속 인물들의 캐릭터를 '고정된' 것으로 받아들여 왔다.
하지만 주인공들의 성격을 바꿔 볼 수 있다면 어떨까?
만약 신데렐라가 완벽주의자 유형이었다면? 조력자였다면? 탐구자였다면?
에니어그램의 성격유형에 따라 이야기의 결말이 어떻게 바뀔지 동화 속으로 들어가 보자.
아이들과 놀이 삼아 대화를 나누기에도 좋은 소재가 될 것이다.

상황

요정의 도움을 받아 무도회에 참석하게 된 신데렐라!
마법이 사라지는 12시 5분 전이 되었다.

유형

1번 완벽주의자
원칙을 지켜야 한다.
이미 30분 전에 집에 들어와서 원래 옷으로 갈아입었다.

2번 조력자
다른 사람에게 피해를 주기 싫어한다.
분위기를 깨지 않기 위해 춤을 추며 뒤로 빠진다.

3번 성취자
순간적인 기회를 잘 포착한다.
5분 안에, 자신을 최대한 왕자에게 드러낸다.

4번 예술가
드라마틱한 감수성을 지니고 있다.
'왕자님과 헤어져야 할 시간이 다가오네!
너무 비극적이야, 흑흑!'

**5번
탐구자**

고독을 즐기고 혼자만의 공간을 추구한다.
복잡하고 시끄러운 무도회에 가기보다
집에서 책을 한 권 더 읽고 있었다.

**6번
파수꾼**

성실하고 양심적이다.
5분 전에 안전하게 도착하여 마차와 드레스를
반납한다.

**7번
낙천가**

끊임없이 즐거움을 추구한다.
그저 춤춘다. 파티에 흠뻑 빠진 나머지 시간의 흐름은 의식
저편에 두었다.

**8번
지도자**

타인의 조종이나 규칙에 쉽게 타협하지 않는다.
'내가 집에 갈 시간은 내가 정해!'

**9번
중재자**

대체로 침착하고 느긋한 편. 가끔 그것이 지나침.
왕자님이 마음 상하지 않게 인사하고 가려 한다.
'5분 정도 더 늦어도 괜찮을 거야.'

상황

램프를 얻어 지니에게 세 가지 소원을 빌게 된 알라딘!
어떤 소원들을 이야기할까?

유형

1번 완벽주의자
자신의 영향력으로 세상을 개선하려는 사명감이 있다.
1. 내가 사람들에게 빛과 소금이 되기를!
2. 모두가 행복하게 살아가기를!
3. 모든 일에 최선을 다하는 내가 되기를!

2번 조력자
세상에 사랑이 가득하기를 바란다.
1. 세상에 슬픈 사람이 없게 해 주세요.
2. 세상에 어려운 사람이 없게 해 주세요.
3. 세상에 사랑이 넘치게 해 주세요.

3번 성취자
성취를 꿈꾸며 조직적이다.
평소에 만들어둔 버킷리스트를 꺼내
우선순위별로 소원을 빈다.

4번 예술가
아름다움, 특별함을 추구하고 남과 다른 것을 동경한다.
1. 세상에서 제일 예쁜 사람이 되게 해 주세요.
2. 특별한 사람이 되게 해 주세요.
3. 남들의 부러움을 사고 싶어요.

**5번
탐구자**

풀리지 않는 문제에 관해 지적인 호기심이 강하다.

1. 어떻게 여기 들어갔는지 묻는다.
2. 어떻게 풀려나는지 묻는다.
3. 지니의 말을 듣고 맞는지 확인한다.

**6번
파수꾼**

의심이 많으며 지나치게 질문한다.

소원이 정말로 이루어지는지 계속 확인하는 질문에
지니가 지쳐서 도망간다.

**7번
낙천가**

미래 계획이 무궁무진하다.

"아니 왜 세 개밖에 안 들어줘요?"
투덜대다 한 방에 다 쓴다.

**8번
지도자**

스스로의 결정에 확신이 있고 선택을 어려워하지 않는다.

1. 가족들과 함께 살 큰 집이 필요해요.
2. 나와 관련된 사람들을 건사할 능력이 필요해요.
3. 내 주위 사람들을 다 책임질 수 있으면 좋겠어요.

**9번
중재자**

선택하는 건 너무 어려운 일!

무슨 소원을 빌어야 할지 고민하다가
일 년이 흘렀다.

상황

사과 파는 할머니(마녀)가 일곱 난쟁이 집에 찾아오자 백설공주는 어떻게 했을까?

유형

1번 완벽주의자
본능적인 충동을 억압한다.
"됐어요. 저는 아무거나 안 먹어요."라면서 시선은 계속 사과를 쳐다본다.

2번 조력자
도움을 주려고 애쓴다.
"할머니 힘드시죠. 제가 사과를 다 팔아 드릴게요. 아니 아예 대놓고 먹을게요. 그러니 매달 사과 10kg를 보내 주세요."

3번 성취자
의욕이 넘치고 생산적이다.
"할머니~ 이 사과 정말 상품성 있는데요?" 마녀를 설득하여 사과 사업을 제안한다.

4번 예술가
고상하고 품위를 유지하고 싶어 하는 낭만주의.
대답하기 전에 마녀의 차림새를 주욱 훑어본다.

5번 탐구자
지각이 예민하고 상황을 냉정하게 관찰한다.
외진 숲속에 할머니가 온 게 수상해 진짜 할머니인지 잡아 놓고 심문한다.
"할머니, 진짜 사과 장수는 아니시죠?"

6번 파수꾼
두려움이 많고 방어적인 성향이다.
'낯선 사람은 믿을 수 없어!'
아무도 없는 척한다.

7번 낙천가
좋아하는 사람들이 주변에 많고, 좀처럼 의심하지 않는다.
"사과밖에 없어요? 숲속에만 있었더니 좀 색다른 걸 먹고 싶은데요?"

8번 지도자
지나친 친절이나 아부를 경계한다
"제가 할머니를 어떻게 믿고 사과를 먹어요?"

9번 중재자
판단하지 않고 경계하지 않고 보이는 대로 받아들인다.
'사과 파는 할머니네!'
의심하지 않고 문을 열고 사과를 먹는다.

상황

탑 안에 갇힌 라푼젤!
어느 날 왕자라는 사람이 찾아와 자기가 올라갈 수 있도록
머리카락을 내려 달라고 한다.

유형

1번 완벽주의자
주변이 잘 정돈되어야 한다.
'머리카락이 흐트러질 텐데……
긴 머리라 한번 엉키면 빗기도 힘든데…….' 하며
머리카락을 내려 주지 못한다.

2번 조력자
다른 사람이 자신을 필요로 할 때 특별함을 느낀다.
왕자를 힘들게 올라오게 하는 대신 자신이 뛰어내린다.
"나를 받아 줘!"

3번 성취자
동기를 부여하고 이끄는 리더.
스스로 올라와 보라고 왕자에게 동기부여를 한다.
"힘내! 할 수 있어요!"

4번 예술가
상황을 과장되게, 비극적으로 받아들인다.
"우린 어차피 이루어질 수 없어요!"

5번 탐구자
지식, 지혜, 이해를 높이 평가한다.
머리카락 대신 사다리 설계도를 던져 준다.
"자, 머리가 얼마나 좋은지 증명해 보세요!"

6번 파수꾼
걱정과 불안이 많은 편이다.
'안전사고가 나는 것이 무서워!'
머리카락은 절대 내려 줄 수 없다고 한다.

7번 낙천가
모든 일을 낙관적으로 보려고 한다.
"꺅! 누구세요?"
머리카락을 내려 달라고 한 사람이 누구인지 확인해 보지 않았지만 누군가가 왔다는 사실에 일단 좋아한다.

8번 지도자
다른 사람을 의지하지 않고 자신을 신뢰하는 것이 중요하다.
"여기가 어디라고 함부로 들어오려고 해? 썩 꺼지시오!"

9번 중재자
중요한 일은 미루고 별로 중요하지 않은 일을 먼저 한다.
'누가 올라오겠다고? 방이 너무 지저분해! 방 청소부터 해야겠다.'

상황

아버지가 야수의 성에서 장미꽃을 꺾은 대가로
야수의 성으로 가야 하는 벨,
어떻게 대처할까?

유형

1번 완벽주의자
도덕적인 성향이라 약속은 꼭 지켜야 한다.
'야수와 한 약속도 약속이니 당연히 지켜야지.'

2번 조력자
외적으로나 내적으로나 사랑으로 충만해 있다.
'야수가 그동안 얼마나 외로웠을까?'

3번 성취자
환경에 적응력이 뛰어나다.
일단 성으로 들어간다. 야수와 친해지고 성의 주인이 된다.

4번 예술가
비련의 여주인공을 선망한다.
'야수의 선택을 받다니 난 역시 특별한 존재야!'
주인공이 된 기분을 느낀다.

**5번
탐구자**

지성은 인간의 최고 재능이라고 생각한다.
야수 공략집을 구해 정독한 후 야수를 연구한다.

**6번
파수꾼**

미리미리 대비하는 철저함.
성에 가서 살 때 필요한 짐과 물건을 잔뜩 챙겨 간다.

**7번
낙천가**

아이디어와 상상력이 풍부하며 문제 해결력이 뛰어나다.
"꼭 제가 그 성으로 가야만 해요?
가지 않고 상황을 해결할 방법은 없나요?"

**8번
지도자**

누군가에게 이용당하는 것은 참을 수 없다.
"어떻게 딸을 야수에게 보낼 수가 있어요?"
아버지에게 화를 낸다.

**9번
중재자**

서로 도와주고 조화를 이루는 관계가 중요하다.
'야수의 성에 있는 사람들과 잘 어울리면서
야수와도 잘 지낼 방법을 찾아봐야겠어.'

상황

용왕님의 병을 고치기 위해 토끼를 용궁으로 데려와야 하는 별주부는 토끼에게 어떻게 할까?

유형

1번 완벽주의자
공정하고 개인적인 이득 때문에 일을 하지 않는다.
생명을 앗아 가는 행위는 나쁘기 때문에 나는 토끼에게 거짓말을 할 수 없다. 차라리 내가 죽겠다.

2번 조력자
자신의 욕구에 충실하면 비윤리적이라고 생각한다.
"병에 걸린 용왕님을 모른 척하고 혼자 살려는 양심 없고 못된 토끼가 아닐 거예요. 그렇죠?"

3번 성취자
기회주의적인 경향성이 있다.
토끼를 데려오면 직급을 올려 달라는 제안을 한다.

4번 예술가
남들이 가지 않은 곳, 하지 않은 것을 특별하게 생각한다.
"바닷속 세상은 아무나 경험할 수 있는 게 아니야. 특별한 토끼만 갈 수 있다."라고 설득한다.

현명하고 통찰력 있는 자아상을 추구한다.

"토 선생, 당신처럼 현명하고 똑똑한 사람이 용왕님의 병을 고칠 수 있다고 합니다. 어서 가서 당신의 재능을 보여 주시오."

과도하게 안전을 추구한다.

바닷속에서 사고가 날 수 있기 때문에 토끼의 '보험가입' 증서를 먼저 내민다.

호기심이 많고 모험심이 강해 타인의 이러한 측면을 자극한다.

"토끼님~ 제 등에 타고 바다 탐험을 떠나지 않겠어요?"

8번 지도자

상황을 전체적으로 통솔하려고 한다.

"거부할 수 없는 제안을 하지. 자, 내가 다 책임질 테니 나만 따라오게."

불간섭주의를 추구한다.

"바닷속 세상에서 토 선생 하고 싶은 일 다 해요!"

찾아보기

■ 본문에 나온 책

- 『3초 다이빙』(정진호 글·그림, 스콜라, 2018) | 148쪽
- 『걱정 상자』(조미자 글·그림, 봄개울, 2019) | 166쪽
- 『게으를 때 보이는 세상』(우르슐라 팔루신스카 글·그림, 이지원 옮김, 비룡소, 2018) | 105쪽
- 『곰씨의 의자』(노인경 글·그림, 문학동네, 2016) | 42~43, 45, 55쪽
- 『규칙이 있는 집』(맥 바넷 글, 매트 마이어스 그림, 서남희 옮김, 주니어RHK, 2017) | 61쪽
- 『꼬박꼬박 말대꾸 대장』(모린 퍼거스 글, 친 렁 그림, 공경희 옮김, 찰리북, 2016) | 56쪽
- 『끼인 날』(김고은 글·그림, 천개의바람, 2021) | 56쪽
- 『나는 지하철입니다』(김효은 글·그림, 문학동네, 2016) | 186쪽
- 『나의 구석』(조오 글·그림, 웅진주니어, 2020) | 121~122쪽
- 『너 왜 울어?』(바실리스 알렉사키스 글, 장-마리 앙트낭 그림, 전성희 옮김, 북하우스, 2009) | 36쪽
- 『눈물바다』(서현 글·그림, 사계절, 2009) | 148쪽
- 『도서관』(사라 스튜어트 글, 데이비드 스몰 그림, 지혜연 옮김, 시공주니어, 1998) | 134~135쪽
- 『뭐 어때』(사토 신 글, 돌리 그림, 오지은 옮김, 길벗어린이, 2016) | 173~174, 178쪽
- 『불안』(조미자 글·그림, 핑거, 2019) | 166쪽
- 『빨강 - 크레용의 이야기』(마이클 홀 글·그림, 김하늬 옮김, 봄봄, 2017) | 128쪽
- 『빨리빨리라고 말하지 마세요』(마스다 미리 글, 히라사와 잇페이 그림, 김난주 옮김, 뜨인돌어린이, 2011) | 36쪽
- 『선 따라 걷는 아이』(크리스틴 베젤 글, 알랭 코르크스 그림, 김노엘라 옮김, 꿈교출판사, 2011) | 74쪽
- 『손님이 찾아왔어요』(소냐 보가예바 글·그림, 임정은 옮김, 시공주니어, 2008) | 85쪽
- 『수영장 너머』(조명선 글·그림, 향출판사, 2021) | 186쪽
- 『수영장에 간 아빠』(유진 글·그림, 한림출판사, 2019) | 159, 161~162쪽
- 『슈퍼 거북』(유설화 글·그림, 책읽는곰, 2014) | 100~101, 106, 110쪽
- 『슈퍼 토끼』(유설화 글·그림, 책읽는곰, 2020) | 110쪽

- 『아름다운 실수』(코리나 루켄 글·그림, 김세실 옮김, 나는별, 2018) | 66, 68쪽
- 『아마도 너라면』(코비 야마다 글·가브리엘라 버루시 그림, 이진경 옮김, 상상의 힘, 2020) | 128쪽
- 『어떡하지?』(팽샛별 글·그림, 그림책공작소, 2017) | 74쪽
- 『어떡하지?』(앤서니 브라운 글·그림, 홍연미 옮김, 웅진주니어, 2013) | 154~155, 162쪽
- 『에드와르도 - 세상에서 가장 못된 아이』(존 버닝햄 글·그림, 조세현 옮김, 비룡소, 2006) | 36쪽
- 『여기보다 어딘가』(거스 고든 글·그림, 김서정 옮김, 그림책공작소, 2017) | 110쪽
- 『완벽해』(맥스 아마토 글·그림, 이순영 옮김, 북극곰, 2019) | 74쪽
- 『왜냐면…』(안녕달 글·그림, 책읽는곰, 2017) | 141~143쪽
- 『요술 더듬이』(김기린 글·그림, 파란자전거, 2020) | 80~82쪽
- 『용감한 아이린』(윌리엄 스타이그 글·그림, 김영진 옮김, 비룡소, 2017) | 166쪽
- 『우리 엄마는요』(사카이 고마코 글·그림, 김숙 옮김, 북뱅크, 2020) | 48~49, 51, 55쪽
- 『우리는 언제나 다시 만나』(윤여림 글, 안녕달 그림, 스콜라, 2017) | 94쪽
- 『적당한 거리』(전소영 글·그림, 달그림, 2019) | 94쪽
- 『조금 부족해도 괜찮아』(베아트리체 알레마냐 글·그림, 길미향 옮김, 현북스, 2014) | 110쪽
- 『종이 봉지 공주』(로버트 문치 글, 마이클 마첸코 그림, 김태희 옮김, 비룡소, 1998) | 22~23쪽
- 『주머니 밖으로 폴짝!』(데이비드 에즈라 스테인 글·그림, 고정아 옮김, 시공주니어, 2017) | 94쪽
- 『진정한 챔피언』(파얌 에브라히미 글, 레자 달반드 그림, 이상희 옮김, 모래알, 2019) | 27~29, 32쪽
- 『진짜 내 소원』(이선미 글·그림, 글로연, 2020) | 56쪽
- 『커다란 악어 알』(김란주 글, 타니아손 그림, 파란자전거, 2013) | 178, 180쪽
- 『프레드릭』(레오 리오니 글·그림, 최순희 옮김, 시공주니어, 2013) | 114~115쪽
- 『하루』(강혜진 글·그림, 논장, 2018) | 186쪽

에니어그램으로 살펴본 성격유형별 감정수업

그림책으로 읽는
부모 마음 아이 마음

1판 1쇄 발행 2022년 9월 7일

지은이 그림책심리성장연구소
펴낸이 한기호
책임편집 박혜리
편집 여문주, 서정원, 이선진
본부장 연용호
마케팅 하미영
경영지원 김윤아
디자인 토가 김선태
인쇄 예림인쇄

펴낸곳 (주)학교도서관저널
출판등록 제2009-000231호(2009년 10월 15일)
주소 04029 서울시 마포구 동교로 12안길 14(서교동) 삼성빌딩 A동 3층
전화 02-322-9677 팩스 02-6918-0818
전자우편 slj9677@gmail.com
홈페이지 www.slj.co.kr

ISBN 978-89-6915-129-2 03370

ⓒ 그림책심리성장연구소 2022

- 이 책은 저작권법에 따라 보호를 받는 저작물이므로 무단 전재와 무단 복제를 금합니다.
- 책값은 뒤표지에 있습니다.